Lorsque, par un décret des puissances suprêmes,
Le Poëte apparaît en ce monde ennuyé,
Sa mère épouvantée et pleine de blasphèmes
Crispe ses poings vers Dieu, qui la prend en pitié :

— "Ah ! que n'ai-je mis bas tout un nœud de vipères
Plutôt que de nourrir cette dérision !"

BAUDELAIRE[1]

FACE à la Critique, l'attitude de Mauriac n'a guère varié : affirmant une constance exemplaire, non dépourvue parfois d'aveuglement passionné, le romancier ombrageux n'a cessé de jeter sur elle un regard de suspicion teinté souvent de profond scepticisme. Déjà, en 1940, dans son *Journal*, il écrit : «*Quand les docteurs en Sorbonne consacrent de longues pages hérissées de notes aux sources d'inspiration d'un écrivain, j'imagine qu'ils doivent presque toujours passer à côté de telles petites sources essentielles que le poète fut seul à connaître.*» (XI, 228). Jugement sommaire, on le voit, tout empreint de subjectivité et donc de partialité. Mais Mauriac va encore plus loin quand il publie en 1959 ses *Mémoires intérieurs*. Cette fois, l'écrivain ne se contente pas d'une remarque, même explicite et sévère, contre la Critique. Finies les vétilles ! L'enjeu est trop grand, car c'est tout l'avenir du roman qui se joue sur la scène littéraire française. Alors, dans un long et vibrant réquisitoire, Mauriac part en guerre contre les Nouveaux Romanciers, fulmine contre le pape de la nouvelle école, Robbe-Grillet, dont le crime suprême, à ses yeux, est d'avoir voulu la mort du roman psychologique. Mais — et c'est en cela que les remarques du polémiste sont pour nous du plus grand intérêt — en dénonçant les «dangers de la technique», il éclabousse par là même — fût-ce par voie détournée — les tenants les plus farouches de la Nouvelle Critique : «*Rien ne*

me plaît plus de cette époque gâteuse et sanglante avec ses
techniques ubuesques, ses chambres à torture et ses adultes telle-
ment abrutis par le cinéma qu'ils préfèrent Tintin *à tout, et que*
leur journal, sous peine de crever, doit leur raconter l'histoire et
la littérature avec des dessins d'enfants, cette époque qui ne fait
aucune différence entre le silence de Rimbaud, de Mallarmé, de
Monsieur Teste et les cris inarticulés des déments. » (*MI*, 219).
Haine viscérale de toute innovation littéraire quand elle va à
contre-courant de son humanisme : voilà ce que reflètent avec
éclat les *Mémoires intérieurs.* Dans ce *« De Senectute »* — comme
Mauriac les appellera lui-même non sans humour — apparaît en
effet l'image d'un écrivain soucieux de sauvegarder, avant tout, le
contenu spécifiquement humain de l'œuvre littéraire, sans lequel
toute création est vouée, selon lui, à l'imposture.

Dans un tel climat de passion et d'orage contenus, caractérisé
par des jugements qui, le plus souvent, tiennent plus du dithy-
rambe et de l'anathème que de l'objectivité souhaitable en pareil
domaine, la tâche du critique est des plus malaisées. En tout
état de cause, il devra garder la tête froide, rester le plus objectif
possible et, pour cela, mettre des garde-fous à une vision trop
impressionniste de l'œuvre mauriacienne, à laquelle ne l'incitent
que trop les vibrants propos du romancier. À se livrer en effet
à des éloges inconsidérés, le critique ne risque-t-il pas de devenir
un esclave de l'œuvre ? La servir, au contraire, plutôt que de se
laisser asservir par elle : telle doit être son ambition.

Notre projet est donc simple : à travers un roman aussi riche
que *Le Nœud de vipères* et, par conséquent, aussi ouvert aux
différentes approches de la critique, à ses différentes techniques
d'investigation, proposer plusieurs *niveaux de lecture.* Comme
toute grande œuvre littéraire, ce roman devra se lire sur plusieurs
portées, se laisser parcourir en tout *sens.* C'est à cette lecture
pluridimensionnelle que répond le terme de *structures.* Structures
narratives, plus précisément, où nous n'envisagerons pas — bien

qu'il en constitue le départ et comme la clé de voûte — le point de vue obsessionnel du protagoniste. Pas davantage cette constellation des personnages autour d'une force centrale : la haine de Louis, étroitement associée à son délire de l'obsession et qui oriente le récit vers une double structure : structure de l'incommunicabilité et structure d'aide et d'opposition. Incommunicabilité, fermeture de l'être à l'autre, dans ses deux manifestations essentielles : le silence et le secret, telle est la moisson de l'obsessionnel dans ses rapports avec un entourage qui, femme et enfants confondus, lui renvoie l'image même de l'incommunicabilité. Mais, peu à peu, à ce pôle négatif et statique de la communication va se substituer un pôle positif, dynamique. L'incommunicabilité entre les deux protagonistes, et, partant, entre les deux camps familiaux, va se muer progressivement en communication effective. Le lecteur voit ainsi le message changer de signe, basculer imperceptiblement du *moins* vers le *plus*. De latent le conflit devient patent. À cette guerre souterraine va succéder une guerre ouverte. À la fermeture obstinée, entêtée, va se substituer une ouverture déclarée des hostilités. Désormais, chaque camp va lutter à armes égales pour tenter de vaincre l'autre. Ainsi s'explique cette stratégie rigoureusement parallèle choisie par les deux adversaires, véritable triptyque de la haine : la feinte, le guet, le complot. Antagonismes qui, d'ailleurs, ne doivent pas faire oublier cet autre combat, invisible celui-là, qui se déroule dans la conscience du narrateur : combat de la haine et de l'amour, du Mal et du Bien, comme dans un tableau où cohabiteraient, en un pathétique clair-obscur, les rayons et les ombres. Tableau qui n'est rien d'autre que celui de l'âme de Louis. Vision un peu manichéenne du monde chez Mauriac. Telle Thérèse Desqueyroux, telle déjà la Phèdre de Racine, cette grande âme fraternelle et janséniste, Louis est mené, malgré lui, malmené même, pourrait-on dire, par deux forces contraires qui se partagent son cœur. Ainsi le lecteur assiste-t-il au retour cyclique, à l'alternance, chère au

Montherlant de *Port-Royal*, de ces deux forces qui aspirent l'homme de Mauriac, le projettent hors de lui-même en faisant de son être le centre d'un cyclone intérieur. Dans les deux cas — haine ou amour — le narrateur insiste bien sur le rôle inconscient de ces deux forces aveugles. S'agit-il du *motif* de la haine, il ne trouve pas de termes assez forts pour le caractériser : c'est tantôt une « *fièvre* » (349), tantôt une « *furie* » (350, 2 fois), voire une « *fureur* » (365, 2 fois), tantôt une « *folie* » (431) dont il se sent à peine responsable : « *Quel jour ouvrent sur moi les dernières lignes, écrites la nuit de la grêle ! N'étais-je pas au bord de la folie ? Non, non, ne parlons pas ici de folie. Que la folie ne soit pas même nommée.* » (447).

Folie ou pas, reconnaissons que Louis connaît ici, au niveau mental, un état d'égarement qui en est proche ! Ailleurs, navire en détresse, le narrateur se croit déjà à la merci d'une capricieuse « marée » : « *[...] ce mouvement de marée qui est celui de la haine dans mon cœur. Et tantôt elle s'éloigne, et je m'attendris... Puis elle revient, et ce flot bourbeux me recouvre.* » (399). Sans doute Louis met-il ici en pleine lumière la part inconsciente de la haine dans son cœur (« *ce mouvement* »), mais plus encore, par le jeu des métaphores maritimes (« *marée - flot bourbeux* »), il exprime avec bonheur le mythe de l'alternance cher à l'écrivain. Alternance inscrite en outre dans le rythme même de la phrase mauriacienne qui, grâce aux coupes et à la place des adverbes (« *tantôt - puis* »), épouse en douceur le reflux et le flux intérieurs : « *Et* TANTÔT *elle s'éloigne,* | *et je m'attendris...* PUIS *elle revient,* | *et ce flot bourbeux me recouvre.* »

S'agit-il du *motif* antithétique de l'Amour, l'inconscient est encore le maître de cette destinée, ballottée au gré de vents contraires. Mêmes métaphores maritimes, filées par le narrateur selon le mode très mauriacien de la variation. L'apparition du *motif* : « *Enfin je suis détaché. Je ne sais quoi, je ne sais qui m'a détaché, Isa, des amarres sont rompues ; je dérive. Quelle force m'entraîne? Une force aveugle? Un amour? Peut-être un amour...»* (445). Connotations d'un univers spirituel sous-jacentes à chaque terme marin et renforcées par la juxtaposition non équivoque du signifiant et du signifié : *force* et *amour*. Quant au rôle de l'inconscient, la présence même des interrogations et des tournures indéfinies (*«je ne sais quoi - je ne sais qui»*) le montre avec éclat. Aux prises avec ces forces qui le transcendent tout entier, le narrateur est réduit à l'état d'«épave» et c'est alors que réapparaît le *motif* maritime : *«J'errais à travers la pièce assombrie, me cognant à l'acajou et au palissandre d'un mobilier lourd, épave ensablée dans le passé d'une famille où tant de corps, aujourd'hui dissous, s'étaient appuyés, étendus.»* (517).

Navigateur sans boussole (*«j'errais»* (517)), Louis tâtonne dans *«la nuit privée d'étoiles»* avant d'échouer, «épave» misérable, contre son néant. Une «épave» : terme abyssal qui semble surgir, à point nommé, des profondeurs de l'inconscient. Le lecteur pourrait croire à la disparition définitive du naufragé. Et pourtant, le voici qui réapparaît en *finale* : *«[...] et moi j'errais alentour, dans la pénombre encombrée d'acajou et de palissandre. Je tournais, impuissant, autour de ce bloc humain, [...].»* (529). Résultante pitoyable et pathétique de deux forces mythiques qui cohabitent en lui : *«[...] la haine me soutenait, — la haine mais aussi l'amour, [...]»* (431), le narrateur est plus la proie de ces forces que leur incarnation même. Ce n'est pas lui qui forge son destin, c'est le Destin qui le forge. Clair-obscur mauriacien que ce visage intérieur de Louis? Sans doute, mais dessiné, inscrit dans une rhétorique toute tournée vers ce vieux combat mythique du Bien et du Mal, si cher au romancier. Rhétorique par conséquent *significative*, puisqu'elle conduit le lecteur à interpréter des signes et l'oriente, par là même, vers une herméneutique. Mais aussi rhétorique obsessionnelle, qui imprime sa marque propre à l'ensemble de l'œuvre. Car s'il est vrai que cette dernière présente tous les caractères d'un récit, ce récit lui-même, de structure très complexe, composé de micro-récits enchâssés les uns dans les autres, est mû tout entier par l'obsession du narrateur. Ce qui explique aisément ces mouvements incessants de flux et de reflux, ces oscillations capricieuses entre présent et passé, qui confèrent au *Nœud de vipères* le visage crispé que nous lui connaissons, où les fluctuations du temps s'appellent fluctuations du cœur.

PREMIÈRE PARTIE

MAURIAC ET LES SIGNES

FIGURES ET SIGNIFIANTS

> « *C'est le prolongement métaphysique que j'introduis malgré moi, dans toutes mes créatures, qui crée le malaise. Je suis un métaphysicien qui travaille dans le concret. Grâce à un certain don d'atmosphère, j'essaye de rendre sensible, tangible, odorant, l'univers catholique du mal. Ce pécheur dont les théologiens nous donnent une idée abstraite, je l'incarne.* »
> (XI, 154)

figures et connotations (p. 191[2])

La conception mythique de l'œuvre, inscrite au niveau des personnages, invite le lecteur du *Nœud de vipères* à voir dans ce récit plus qu'un récit : un « *langage chiffré* » (XI, 115), selon les propres termes de Mauriac, où les mots eux-mêmes vont au-delà des mots pour être *signes*, pour *faire signe*. Impuissance mais aussi transparence du verbe, car le lecteur perçoit nettement ici la présence d'une véritable *sémiotique* mauriacienne. « Homo significans *: l'homme fabricateur de signes* » (p. 188[2]), Mauriac, à sa manière, ne le serait-il pas ?

La métaphore est l'une des *figures* les plus importantes du *Nœud de vipères*, tant par sa fréquence que par sa présence aux temps forts du récit. Importante surtout parce qu'elle est, avec l'antithèse, l'une des plus chargées de signification. Chez Mauriac, comme chez Proust par exemple, la métaphore, parce qu'elle est avant tout transposition de la réalité matérielle en une réalité supérieure, nous livre à la fois la personnalité du narrateur et celle de l'écrivain. Elle nous donne ainsi accès à son imaginaire et nous transmet sa vision originale du monde, *Weltanschauung* unique, spécifique. Sans parler des métaphores militaires, cynégétiques ou maritimes[3] qui jalonnent le roman, remarquons seulement que le langage métaphorique est constant chez Mauriac. Le lecteur sent ici combien un tel langage se rapproche du langage poétique, tant il est vrai que la poésie, par le «*changement de sens*»[4] qu'elle opère, constitue «*une vaste métaphore*». Sans creuser davantage la face nocturne, ténébreuse du protagoniste dont les métaphores du «nœud de vipères» et du cercle[5] soulignent le caractère rétracté, penchons-nous plutôt, fût-ce un instant, sur sa face diurne, lumineuse, dilatée. Cette fois, les métaphores aquatiques ne connoteront plus une destinée de boue, n'éclaireront plus «*ces bas-fonds*» (442) d'un homme à l'heure du bilan. Plus question non plus de la métaphore du navire, symbolisant les hésitations de la démarche spirituelle de Louis, bateau ivre livré à la tempête de l'âme et secoué par les remous d'un vieux cœur endurci. Ici l'eau connote au contraire la pureté de l'enfance dont le reflet éclaire le regard intérieur du personnage. «*Vert paradis des amours enfantines*» cher à Baudelaire (B, 61) et habité, dans *Le Nœud de vipères*, par deux âmes jumelles : Marie et Luc. Miracle aussi de ces instants revécus, grâce au souvenir, par un homme en proie au désespoir :

Fumant devant la maison, les soirs d'été, j'écoutais [...] cet air de Lulli : «Ah! que ces bois, ces rochers, ces fontaines...» Calme bonheur dont je me savais exclu, zone de pureté et de rêve qui m'était interdite. Tranquille amour, vague assoupie qui venait mourir à quelques pas de mon rocher.   (404-5)

Ce poème de l'enfance qu'est *Le Mystère Frontenac* renferme,

10

quant à lui, plus d'un texte où apparaît avec éclat ce symbolisme de l'eau. Yves, transposition romanesque de l'écrivain, connaît, mieux que quiconque, les délicieux privilèges d'une enfance baignée de poésie :

[...] en même temps qu'il s'excitait contre les siens, Yves savait obscurément que lui, lui seul, s'attachait follement à l'enfance. Le roi des Aulnes ne l'attirait pas dans un royaume inconnu. [...] Les aulnes, d'où s'élève la voix redoutablement douce, s'appellent des vergnes, au pays des Frontenac, et leurs branches y caressent un ruisseau dont ils sont seuls à connaître le nom. Le roi des Aulnes n'arrache pas les enfants Frontenac à leur enfance, mais il les empêche d'en sortir ; [...].   (IV, 51-2)

Révélateur est le cheminement inconscient, chez l'écrivain, de la métaphore aquatique. Le lecteur sait en effet que le ruisseau évoqué dans *Le Mystère Frontenac* n'est pas un ruisseau quelconque. De même lorsque Louis, dans *Le Nœud de vipères*, veut définir métaphoriquement la personnalité profonde de Luc, c'est tout naturellement à l'eau qu'il songera : «*La pureté, chez lui, [...] c'était la limpidité de l'eau dans les cailloux.*» (436). Eau, ruisseau qui, dès l'enfance, ont fécondé l'imagination de l'écrivain : «*Comme ces oiseaux voleurs, comme ces pies dont on raconte qu'elles prennent dans leurs becs les objets qui luisent et les dissimulent au fond de leur nid, l'artiste, dans son enfance, fait provision de visages, de silhouettes, de paroles; [...].*» (VIII, 289). Le rôle de l'inconscient est ici prépondérant. Chacun sait en effet l'importance affective accordée par l'écrivain à cet obscur ruisseau de Guyenne : la Hure, affluent du Ciron et du Ballion dans la topographie mauriacienne[6]. Mais ce qui est plus significatif encore, c'est que cette pureté de l'enfance, attachée à Luc comme à Yves Frontenac, connaît, grâce à la métaphore aquatique, une connotation toute nouvelle, d'ordre musical : les eaux ruisselantes de la Hure suggèrent chez Mauriac la pureté, elle-même symbolisée par le nom même de Mozart, ce pur entre les purs :

La musique de Mozart est une remontée délicieuse mais exténuante vers les sources. Quand nous étions enfants, entre toutes nos promenades, il en était une dont on ne pouvait parler sans que je fusse inondé de bonheur et d'inquiétude : « Nous allons aller aux sources de la Hure...»   (XI, 231)

Mais voici resurgir — dernier avatar d'une riche série métaphorique — le motif de l'eau doté ici d'une valeur métaphysique : la pureté n'est pas n'importe quelle pureté. Au-delà même de celle de l'enfant prodige, Mauriac se sent fasciné par une autre pureté : « [...] *le chemin de l'enfance où Mozart nous entraîne passe par Dieu. Le soupir de Rimbaud : "*Par la pureté on va à Dieu, déchirante infortune !*" exprime bien cette sorte de douleur que donne l'échec spirituel, lié pour nous à la musique de Mozart.* » (XI, 231).

Eau, enfance, Mozart, Dieu : termes convertibles d'une même réalité et aussi inextricablement liés dans l'inconscient de l'écrivain que peuvent l'être ces deux univers fraternels : l'immanence et la transcendance. Au lecteur de Mauriac de suivre l'évolution de cette courbe ascendante qui s'épanouit en crescendo mystique. À lui de découvrir, à travers la pureté du monde, la Pureté d'un autre monde.

Tel est en effet le pouvoir, éminemment suggestif, de la métaphore mauriacienne. Ambivalence d'un langage connotant tour à tour le Mal et le Bien, le Pur et l'Impur. Du reste, ce qui est vrai pour le *motif* de l'eau l'est tout autant pour les images cynégétiques. Face à la « meute » familiale, assoiffée d'argent et déjà prête pour la curée, évolue devant le lecteur, aérienne, légère, souverainement détachée, la silhouette de Luc, aussi fraîche que celle d'un *« jeune faon »* (437) : « *Cet être toujours courant et bondissant pouvait demeurer, des heures, immobile, attentif, changé en saule, — et son bras avait des mouvements aussi lents et silencieux que ceux d'une branche.* » (436). Ainsi se trouve achevé le portrait métaphorique esquissé plus haut. Mauriac n'a fait, dans les deux cas, que changer le signe de la métaphore, son inconscient ayant opéré le passage du *moins* au *plus*.

Autre figure mauriacienne, la périphrase occupe un rôle non négligeable dans *Le Nœud de vipères*. Conduisant le lecteur au seuil du mystère, elle se refuse à dire l'indicible, préférant, comme la métaphore, l'allusion voilée à l'affirmation explicite. Elle ne dit pas, elle suggère, créant ainsi un climat de *suspense* dans l'esprit du lecteur. Égaré dans sa nuit, le narrateur, troublé, ne peut que balbutier. Mais ce langage tâtonnant crée en nous une attente anxieuse : «*Il faudrait une force, me disais-je. Quelle force ? Quelqu'un. Oui, quelqu'un en qui nous nous rejoindrions tous et qui serait le garant de ma victoire intérieure, aux yeux des miens ;* [...]» (515). En même temps qu'ils témoignent, chez le narrateur, d'une incapacité à démêler son drame intérieur, de tels aveux illustrent un drame parallèle chez l'écrivain : celui de l'impuissance à transcrire son univers intérieur. Suggérer par les mots la présence de Dieu au cœur du héros plutôt que nommer cette présence : telle est la vocation de Mauriac romancier. La périphrase ici, par son imprécision volontaire, creuse le mystère et, en même temps qu'elle signale les coups tragiques et répétés du Destin, entoure le langage du narrateur d'une *aura* prophétique. Prophétie accomplie lorsque Louis reconnaît en Janine le signe ultime de son destin : «*Quelqu'un m'avait entendu, compris. Nous nous étions rejoints : c'était une victoire.*» (523). Victoire seulement pressentie il y a un instant. Victoire acquise désormais, définitivement. Le lecteur cependant reste perplexe devant les traits anonymes de ce «quelqu'un». Identité volontairement voilée par le narrateur qui nous laisse le soin d'interpréter, à notre manière, l'issue de son drame : «*La pensée de ma triste vie ne m'accablait pas. Je ne sentais pas le poids de ces années désertes... comme si je n'eusse pas été un vieillard très malade, comme si j'avais eu encore, devant moi, toute une existence, comme si cette paix qui me possédait eût été quelqu'un.*»

13

(524). À travers la tournure périphrastique finale, le lecteur de Mauriac a clairement distingué le filigrane. La rhétorique rejoint ici l'apologétique et la figure mauriacienne n'est rien de moins qu'un clin d'œil adressé subrepticement aux complices que nous sommes. L'écrivain, une fois de plus, nous invite à traduire en langage clair ce qu'il ne peut livrer directement. Chacun ici aura compris que ce «quelqu'un» n'est autre que Quelqu'un : Dieu.

C'est aussi de notre complicité que Mauriac a besoin lorsque parfois il utilise dans son récit la synecdoque. En substituant la partie au tout, cette figure, comme la périphrase, connote le mystère : «[...] *n'est-ce pas* [dira le narrateur] *que beaucoup rapetissent une espérance, qu'ils défigurent un visage, ce Visage, cette Face?*» (444). La connotation est ici d'autant plus évidente que l'écrivain a voulu, lui-même, préciser le sens de la minuscule : «*un visage*» devient «*ce Visage*» comme le «signifié» devient «Signifié»[7]. Ailleurs, une main énigmatique surgira de l'imagination inquiète du narrateur, suggérant, elle aussi, l'indicible : «*Inlassablement, j'ai cherché à perdre cette clé qu'une* MAIN MYSTÉRIEUSE *m'a toujours rendue, à chaque tournant de ma vie (le regard de Luc après la messe, dans ces matinées de dimanche, à l'heure de la première cigale... Et ce printemps encore, la nuit de la grêle...).*» (529). Nul mystère sur l'identité de cette main dont le lecteur sait bien qu'elle est la main même de Dieu. Même si nous ne sentons ici que la présence sous-jacente de la Providence, l'insistance anxieuse du narrateur pour nous préciser les signes du Destin frappant à sa porte constitue pour nous la meilleure des clés pour connaître ce destin[8].

Quant à l'antithèse, elle représente dans *Le Nœud de vipères* la figure privilégiée pour suggérer l'univers mythique de l'écrivain. Outre le motif antithétique de la Haine et de l'Amour déjà évoqué, nous voyons plus généralement deux univers antinomiques structurer le récit. Antinomie[9] dont l'âme de Louis est le théâtre et l'enjeu. Capable du Bien comme du Mal, de Dieu comme de

Satan, également perméable aux rayons et aux ombres dont son âme forme l'écran mystique, le protagoniste évoque, non sans nostalgie, cette « *part intacte* » (371) de lui-même à côté de « *ces bas-fonds* » (442) qu'éclaire sa confession. Si, à certaines heures, Louis se sent un « *monstre* » (348, 512), il veut néanmoins qu'on le prenne aussi pour un « *autre* » (371, 443). Dualité inhérente aux êtres et perceptible dans la bipolarité des termes : Louis oscille entre deux pôles antithétiques d'égal magnétisme. Et ce qu'illustrent, avant tout, ces antithèses récurrentes qui jalonnent le récit, c'est cette lutte de l'homme avec lui-même avant de découvrir, dans une fragile et précaire synthèse, l'ultime illumination. Dualité inhérente aussi au monde matériel, écho d'un autre monde, le monde spirituel, *correspondance* — comme nous le verrons — entre le réel, le microcosme, et l'Idéal, le macrocosme. Bornons-nous ici à souligner cette dualité présente au cœur du monde sous forme d'une antithèse connotant tout à la fois, chez le narrateur, le bonheur et le pressentiment de sa destruction : « *Le clair de lune éclairait la natte. Le vent du Sud, qui traverse les Landes, portait jusqu'à notre lit l'odeur d'un incendie.* » (353). Tout le drame de Louis se trouve condensé dans ce raccourci suggestif : antithèse d'un signifiant visuel : « *le clair de lune* » et olfactif : « *l'odeur* ». Juxtaposition contrastée de signifiés, d'un bonheur romantique et de son total anéantissement. Orage vécu obsessionnellement par le narrateur et dont l'écho hante sans cesse son imagination fiévreuse : « [...] *parfois le vent imitait, dans les frondaisons, le bruit d'une averse. La lune, à son déclin, éclairait le plancher et les pâles fantômes de nos vêtements épars.* » (380).

D'ailleurs, c'est à un jeu subtil de correspondances que le lecteur du *Nœud de vipères* se voit confronté. Nul besoin d'insister longuement, ici encore, sur l'étroite parenté qui unit Mauriac à Baudelaire. Chez l'un comme chez l'autre, la spécificité des rapports entre signifiant — l'écriture — et signifié — le sens — place le lecteur en face d'un univers analogique[10] où toutes choses « se répondent », selon les termes mêmes du sonnet des « *Correspondances* ». Avec Mauriac et dans le sillage de Baudelaire, nous voici amenés non plus seulement à parcourir la réalité d'un œil distrait mais à la lire, ou à la relire, à la déchiffrer. Mieux : nous voici promus interprètes de *signes* qui fusent de toutes parts, « confuses paroles » chères au poète.

Profondément enracinés dans la réalité matérielle, voici d'abord les signifiants gestuels qui jalonnent la démarche hésitante du narrateur : Dieu ou Mammon, lequel de ces deux maîtres choisir ? Dilemme à la mesure de l'enjeu : « *Avant d'écrire* [note le narrateur], *je me suis accoudé à la fenêtre. Le vent était tombé. Calèse dormait sans un souffle et sous toutes les étoiles.* » (442). Mieux que toute autre réflexion, cette simple notation gestuelle suggère, avec autant d'efficacité que de discrétion, le profond attachement de l'avare à sa vigne, à ses biens, à son argent. Amour quasi charnel qui le lie à ce paysage girondin qu'il a sous les yeux ; car l'enracinement n'est pas la moindre particularité du caractère de ce terrien, rivé à ses hectares de vignes : « [...] *je riais seul, haletant un peu, appuyé contre un piquet de vigne, face aux pâles étendues de brume où des villages avec leurs églises, des routes et tous leurs peupliers avaient sombré.* » (511-2).

Et plus loin, écho obsessionnel, la même indication dictée par l'inconscient du narrateur : « *Était-ce précisément ces pensées que je remâchais, appuyé contre ce piquet de vigne, à l'extrémité d'une rège, face aux prairies resplendissantes d'Yquem, où le soleil déclinant s'était posé?»* (512-3). Signifiant (*«appuyé»*) et signifié (*«pensées»*) sont ici livrés, sans équivoque possible, à l'interprétation du lecteur. Pensées amères condensées dans cette simple phrase au rythme ternaire ascendant : *«Je sentais, je voyais, je touchais mon crime.»*

Plus subtils, les signifiants d'ordre olfactif connotent souvent dans le récit l'idée de bonheur. Un bonheur à résonance proustienne[11], tant y est prépondérant le rôle de la mémoire affective : *«Les tilleuls des allées d'Étigny, c'est* TOUJOURS *leur odeur que je sens,* APRÈS TANT D'ANNÉES, *quand les tilleuls fleurissent.»* (365). Avec quelle obsession toute baudelairienne le narrateur ne se plaît-il pas à évoquer les odeurs qui hantent encore son souvenir : *«L'humide et tiède nuit pyrénéenne, qui sentait les herbages mouillés et la menthe, avait pris aussi de ton odeur. Sur la place des Thermes, que nous dominions, les feuilles des tilleuls, autour du kiosque à musique, étaient éclairées par les réverbères.»* (371). Rien n'échappe à l'odorat de Louis comme à celui de Mauriac. Toutes les nuances olfactives y sont notées scrupuleusement, mais surtout cet échange, cette osmose entre deux mondes distincts : celui de la nature et celui de l'être aimé. Complicité encore plus manifeste lorsqu'à la notation olfactive est jointe la notation auditive correspondante : *«Tout ce que* J'ENTENDS ENCORE *après quarante-cinq années, je l'entendais : les coqs, les cloches, un train de marchandises sur le viaduc, et tout ce que je respirais, je le* RESPIRE ENCORE *: ce parfum que j'aime, cette odeur de cendre du vent lorsqu'il y avait eu, du côté de la mer, des landes incendiées.»* (385). Proust, on le voit, est encore au centre de cette réflexion du narrateur où présent et passé s'interpénètrent pour atteindre à la permanence d'un moi réfractaire au temps. Seule importe en effet la durée vécue par le personnage et ressuscitée grâce au pouvoir magique de la mémoire. Présent et passé — nous le verrons — ne font qu'un dans la conscience des narrateurs proustien et mauriacien, comme ne font qu'un leurs différents moi successifs, non pas superposés mais confondus.

Les signifiants visuels, quant à eux, suggèrent parfois l'idée de pureté associée à celle du bonheur. *Motif* obsédant de l'eau, non plus ici sous sa forme métaphorique, mais voilée, allusive. Évocation d'instants merveilleux vécus dans un cadre choisi : « *L'eau de la montagne ruisselait jusque dans les rues.* » (365). « Paysage choisi » également, selon les termes de Verlaine, l'âme-sœur du protagoniste, Isa, qui a su métamorphoser, fût-ce l'espace d'un moment, un cœur qui ne croyait plus à l'amour : « *Oui, j'étais un autre homme, au point qu'un jour – après quarante années, j'ose enfin te faire cet aveu dont tu n'auras plus le goût de triompher, quand tu liras cette lettre – un jour, sur la route de la vallée du Lys, nous étions descendus de la victoria. Les eaux ruisselaient : j'écrasais du fenouil entre mes doigts ; [...].* » (371). En fait, à l'obsession inconsciente d'un signifiant donné – perceptible dans le parallélisme *l'eau ruisselait - les eaux ruisselaient –* s'ajoute un autre signifiant visuel (« *la vallée du Lys* ») qui, associé lui-même à un signifiant olfactif (« *le fenouil* ») connote l'idée d'un bonheur pur, sans nuage. Mais, plus significatif sans doute, ce contraste parfait de l'ombre et de la lumière, suggérant, aux frontières de l'ineffable, le combat mythique du Bien et du Mal : « *[...] au bas des montagnes, la nuit s'accumulait, mais, sur les sommets, subsistaient des camps de lumière... J'eus soudain la sensation aiguë, la certitude presque physique qu'il existait un autre monde, une réalité dont nous ne connaissions que l'ombre...* ». Contrastes topographiques et visuels au service d'une mythologie platonicienne : cette « *ombre* », reflet de la réalité suprême, de l'Idée, n'est-elle pas celle que perçoivent, sur les parois de leur caverne, les prisonniers évoqués dans *La République* et finalement, nous-mêmes, esclaves des mêmes apparences ? Ailleurs est l'Idée : « *sur les sommets* », tandis que nous sommes voués à habiter le royaume de l'ombre. Clair-obscur symbolique, digne de Rembrandt, où signifiant et signifié se répondent presque terme à terme dans leur expression antithétique. Le narrateur insiste bien ici sur le substrat matériel, physique, de sa méditation. À sa manière, n'est-il pas ce *« métaphysicien qui travaille dans le concret »* (XI, 154), évoqué dans le *Journal* ? Non moins métaphysique[12], sans pour autant quitter le domaine du concret, l'ensemble du chapitre XI où le mythe de la nuit, spirituelle, s'oppose à celui de la lumière. Promesse de l'aube, d'une aube nouvelle pour le héros, ces étoiles obstinées de la fin de la nuit, annonciatrices d'une renaissance. Signes qui ne trompent pas et auxquels le narrateur répond de son regard attentif : *« La tempête semble finie. Les étoiles d'avant l'aube palpitent. Je croyais qu'il repleuvait, mais ce sont les feuilles qui s'égouttent. »* (444). Mais voici, parachevant tous ces signes, celui de l'éclair qui zèbre tout à la fois la voûte constellée et le ciel intérieur du narrateur :

Un sifflement de bête, puis un fracas immense en même temps qu'un éclair ont rempli le ciel. Dans le silence de panique qui a suivi, des bombes, sur les coteaux, ont éclaté, que les vignerons lancent pour que les nuages de grêle s'écartent ou qu'ils se résolvent en eau. Des fusées ont jailli de ce coin de ténèbres où Barsac et Sauternes tremblent dans l'attente du fléau. (444)

Forêt de signes en vérité que ce passage où l'ouïe est presque plus sollicitée que la vue : *« sifflement - fracas immense »* et jusqu'à ce *« silence de panique »* augurant le pire pour le vigneron. Signifiants visuels (*« éclair - ténèbres »*) s'unissent ici, en contraste, pour connoter la tempête spirituelle qui secoue le cœur de l'avare.

Rapprochement non moins pertinent d'*intersignes* — visuel et auditif —, ces deux textes dont le premier prend une valeur prémonitoire par rapport au second. L'heure de la révélation fatale vient de sonner pour le narrateur. Seule la nature peut adoucir sa souffrance morale. Accompagnons-le *« au bord de cette cuve immense où la vendange future ferment[e] dans le sommeil des feuilles bleuies* » (422) : «*Je descendis vers la terrasse. De grêles arbres à fruits se dessinaient vaguement au-dessus des vignes. L'épaule des collines soulevait la brume, la déchirait. Un clocher naissait dans le brouillard, puis l'église à son tour en sortait, comme un corps vivant.* » (386). Paysage cher entre tous à l'écrivain que ce «*point de vue magnifique sur la vallée de la Garonne*» (XI, 108), terrasse familière au visiteur de Malagar[13], qui n'est autre que le Calèse[14] du *Nœud de vipères*. Paysage de vignes, certes, mais surtout lourd d'appels, riche en signes pour la conscience troublée du narrateur : «*brume*» et «*brouillard*» sans doute atmosphériques mais, plus encore, symboliques d'un état d'âme. Flou du paysage physique, extérieur, en accord avec le flou de la conscience qui tâtonne à l'aube d'une nouvelle vie. Renaissance passagère du héros souffrant, à la vue du «*clocher*» puis de «*l'église*», ce «*corps vivant*». Nul doute qu'à cet instant précis le narrateur, doublé en cela par l'écrivain, ne voie réellement se dresser à l'horizon tel clocher familier[15] : probablement celui de Langon, à l'ombre duquel vécut la sombre *genitrix*, ou celui de Saint-Macaire, berceau de Brigitte Pian, la *pharisienne*. Mais voici, adressée à la fois à Isa et au lecteur encore hésitant à entrer dans le jeu symbolique, la clé qui dissipe toute ambiguïté d'interprétation. Les signifiants visuels n'étaient là que pour traduire une autre réalité, combien supérieure, celle du signifié : «*Toi qui t'imagines que je n'ai jamais rien compris à toutes ces choses... j'éprouvais pourtant, à cette minute, qu'une créature rompue comme je l'étais peut chercher la raison, le* SENS *de sa défaite; qu'il est possible que cette défaite renferme une* SIGNIFICATION, *que les événements, surtout dans l'ordre du cœur, sont peut-être des* MESSAGERS *dont il faut* INTERPRÉTER LE SECRET...» (386).

Clé d'une destinée apparemment vouée à l'échec. Pure apparence seulement, car, pour Louis, l'univers sensible est peuplé de messages qu'il doit apprendre à déchiffrer pour mieux y lire, comme en surimpression, le code de l'unique Réalité : celle de l'Au-delà. Avec quelle insistance le narrateur n'évoque-t-il pas cet univers métaphysique manifesté dans un concret accessible à tous. Et voici l'ultime reproche d'incompréhension : « *Oui, j'ai été capable, à certaines heures de ma vie, d'entrevoir* CES CHOSES *qui auraient dû me rapprocher de toi.* » (386-7). Écho sonore et symbolique de cette brève méditation, cet autre signe qui n'échappe pas à la conscience tragique du personnage : « *La cloche de Saint-Vincent, qui éloigne la grêle, sonnait à toute volée, comme quelqu'un qui chante, la nuit, parce qu'il a peur. Et soudain, sur les tuiles, ce bruit comme d'une poignée de cailloux... Des grêlons ! Naguère, j'aurais bondi à la fenêtre.* » (444-5). Ambivalence de ce signifiant à connotation religieuse, car, s'il s'applique parfaitement à l'orage physique et spirituel, il exprime également l'exultation intérieure, faite de sérénité et de détachement. Expression d'une joie conquise de haute lutte sur soi-même, tandis que retentit — dernier avertissement donné à l'âme hésitante — le bruit tant redouté du vigneron : la grêle. Ce que le narrateur n'avait fait que pressentir obscurément, en contemplant un paysage matinal baigné de brume, se vérifie ici dans toute sa clarté symbolique.

En fait, ce n'est là qu'un exemple, parmi tant d'autres, de signifiants auditifs. *Le Nœud de vipères* abonde en effet en notations de ce genre qui, loin d'être gratuites, suggèrent le plus souvent chez le personnage l'idée de drame intérieur. Signifiants qui se proposent peut-être — ruse suprême du romancier ! — d'interroger, par le biais du protagoniste, le lecteur lui-même sur le sens de son destin : « J'ENTENDAIS *les grives dans le lierre du peuplier carolin,* LE BRUIT *d'une barrique roulée.* » (351). Et voici, donnée immédiatement à la suite, discrètement ironique, la signification d'un tel bruit : « *C'est une chance que d'attendre la mort dans l'unique lieu du monde où tout demeure pareil à mes souvenirs.* ». Le lecteur pourrait croire à une rémission de l'angoisse, de l'interrogation anxieuse du narrateur. Ce serait méconnaître sa capacité à s'écouter lui-même sans relâche, à tout écouter autour de lui pour distinguer, dans l'univers sensible, l'écho de son drame. Le bruit alors s'amplifie, étonnamment complice de cette destinée : «*Seul* LE VACARME *du moteur remplace* LE GRINCEMENT *de la noria que faisait tourner l'ânesse. (Il y a aussi cet horrible avion postal qui annonce l'heure du goûter et salit le ciel.)*» (351-2). «*Bourrasque*» (442) et «*tumulte*» font eux aussi irruption, accompagnant de leurs houles successives la conscience désemparée du narrateur, avant d'atteindre le sombre crescendo de la «*tempête*» (444). Bruits moins violents mais plus sourds et donc plus sournois, porteurs du pire, «*ces* ROULE-MENTS *dans le ciel*» (442) ou encore ce «GRONDEMENT *du train sur le viaduc*» (364) auquel feront écho, dans le ciel noir de Calèse, ces «*nuées* GRONDANTES *tourn[a]nt autour des vignes offertes*» (442). Autant de bruits retentissant dans la conscience traquée du narrateur avec cette force de signes du Destin et jalonnant sa titubante démarche spirituelle.

D'ailleurs, qu'il soit gestuel, olfactif, visuel ou auditif, le signifiant mauriacien se reconnaît toujours à sa fonction de *révélateur*. Révélateur de l'homme de Mauriac à lui-même dans l'inlassable quête de son être profond, de son moi authentique. Tels ces clochers de Martinville[16] qui *signalaient* leur identité mystérieuse au narrateur du *Temps perdu* et l'aidaient à découvrir sa vraie vocation, les signes perçus par le héros du *Nœud de vipères* constituent pour lui autant de semonces discrètes, d'interrogations brûlantes, de vibrants messages. N'est-ce pas, éternellement répercuté, cet «appel de chasseurs perdus dans les grands bois», déjà entendu par le poète des «*Phares*» ? Chez Mauriac, le monde tangible, réel, décrit dans le récit grâce aux signifiants, traduit − ou trahit ? − la vision d'un monde surnaturel qui est pour le romancier catholique celui de la signification dernière de l'homme. Peuplée de *signes*[17], véritable «forêt de symboles», la réalité apparaît secrète, mystérieuse, hiéroglyphique. L'univers métaphysique de Mauriac n'invite-t-il pas en effet le lecteur à y voir « *un surplus de sens inépuisable et toujours indéfiniment présent* » (p. 159²) ? Parole, parabole : mots de même racine, aux résonances étrangement fraternelles ! Car là n'est pas le moindre paradoxe de la *figure* et du *signe* mauriaciens : dans ce double pouvoir, dans cette trouble vocation, de suggérer l'indicible sans pour autant amputer l'œuvre de son message ultime. Il y a bien dans *Le Nœud de vipères* une valeur, une *axiologie* du signe, qui est à rechercher dans ce dilemme pathétique entre l'immanence et la transcendance, entre la rhétorique et l'apologétique. Ne reconnaît-on pas là ce qui authentifie la vision d'un écrivain en lui conférant sa marque propre, son style ? Celui de Mauriac, quant à lui, projection vivante de son inconscient, miroir fidèle de son imaginaire, porte les stigmates de ce noble et vieux combat mythique où l'homme devient la proie tragique de son propre déchirement intérieur.

UNE RHÉTORIQUE DE L'OBSESSION

le parallélisme et la méditation en écho

Signe, chez le héros, d'un combat intérieur, la rhétorique mauriacienne l'est aussi de son obsession naturelle et pathologique. Le premier procédé qui se signale à l'attention du lecteur est le parallélisme. Dans *Le Nœud de vipères* cette figure intervient le plus souvent sous forme de pause, plus ou moins longue, dans la narration du passé : le protagoniste, qui semblait avoir momentanément oublié sa haine, se reprend tout à coup, comme s'il voulait réparer cet oubli, cette inattention. Le lecteur se trouve ainsi pris à partie, brusquement rejeté, par ce jeu de l'*embrayage* temporel dont le narrateur − nous le verrons − a le secret, à un présent d'agressivité et de sombre vengeance : «*Je me suis interrompu d'écrire parce que la lumière baissait et que j'entendais parler au-dessous de moi. Non que vous fissiez beaucoup de bruit. Au contraire : vous parliez à voix basse et c'est cela qui me trouble.*» (364). L'obsession vengeresse de Louis est soudain ravivée, dans cette atmosphère incessante de complot. Et voici, un instant réprimé, le cri rageur : «*Ne comptez pas sur moi : je ne lâcherai pas le morceau.*». De ces brusques sursauts le narrateur est coutumier et qui s'en étonnerait ? Remarquons d'ailleurs que ces *relances* du présent de la narration interviennent toujours en début de chapitre, accélérant ainsi l'allure du récit.

L'épisode de la nuit de la grêle présente, à ce propos, un parallélisme étonnant avec le texte que nous venons de citer : « *Cette nuit, une suffocation m'a réveilllé. J'ai dû me lever, me traîner jusqu'à mon fauteuil et, dans le tumulte d'un vent furieux, j'ai relu ces dernières pages, stupéfait par ces bas-fonds en moi qu'elles éclairent.* » (442). Dans les deux cas, tout se passe comme si un bruit *révélait* subitement le narrateur à lui-même, en plaçant sa conscience face à son unique préoccupation : la haine.

Variante du parallélisme et tout aussi révélateur, le procédé rhétorique, fréquent chez l'obsessionnel, qu'est la méditation en écho. Ainsi — déjà citée — cette évocation par le narrateur de sa première rencontre avec Isa, à laquelle répond, dans un mouvement caractéristique de *rumination mentale*, la complainte d'un cœur déçu, meurtri :

J'étais à Luchon, avec ma mère, en août 83. L'hôtel Sacarron de ce temps-là était plein de meubles rembourrés, de poufs, d'isards empaillés. Les tilleuls des allées d'Étigny, c'est toujours leur odeur que je sens, après tant d'années, quand les tilleuls fleurissent. Le trot menu des ânes, les sonnailles, les claquements de fouets m'éveillaient le matin. L'eau de la montagne ruisselait dans les rues. (365)	Comme après tant d'années elle demeure présente à ma mémoire, cette chambre étouffante de l'hôtel, cette fenêtre ouverte sur les allées d'Étigny ! La poussière d'or, les claquements de fouet, les grelots, un air de tyrolienne montaient à travers les jalousies fermées. (372)

Frappante, on le voit, est la ressemblance entre ces deux textes : même ton de regret teinté d'émotion sincère, même prééminence accordée à la mémoire, même topographie affective enracinée dans le même vocabulaire poétique, où la seule variante (« *sonnailles / grelots* ») n'a, du reste, qu'une valeur indicative. Certes, le narrateur essaie bien, dans le deuxième passage, de masquer son obsession en variant la structure de sa phrase. Mais quelle n'est

26

pas la surprise du lecteur de constater, dans ce procédé rhétorique, un surcroît d'émotion ! Aucune ruse narrative, aucun artifice ne saurait délivrer le personnage de son obsession, tant est déterminant en lui le rôle joué par l'inconscient.

Plus significatives sans doute à cet égard nombre de tournures récurrentes, véritables variantes obsessionnelles qui jalonnent le récit et maintiennent ainsi la continuité du flux narratif : syntagmes quasi identiques d'un texte à l'autre, ces variantes ne sont rien de moins que reprises déguisées, que tentatives avortées pour chasser l'obsession, ce monstre sans cesse renaissant, surgi des profondeurs de l'être. Première occurrence, première pause dans la rédaction du Journal de Louis : «*Il a fallu que je* M'INTERROMPE... *on n'apportait pas la lampe ; on ne venait pas fermer les volets.*» (351). Première variante, seconde pause : «*Je* ME SUIS INTERROMPU *d'écrire parce que la lumière baissait* [...].» (364), tandis que le narrateur, poursuivant ce retour sur lui-même, n'hésite pas à noter un peu plus loin : «*Je* RELIS *ces lignes écrites hier soir dans une sorte de délire.* [...] *Ce n'est plus une lettre, mais un journal* INTERROMPU, *repris...*» (365). Écho révélateur d'un passage à l'autre, mais ressemblance encore plus convaincante dans cet ultime soubresaut de la variation, copie conforme de la précédente : «[...] *j'ai* RELU *ces dernières pages,* [...]. *Avant d'écrire, je me suis accoudé à la fenêtre.*» (442). Dans ces différents textes, on notera l'identité des structures, révélatrice du langage de l'obsessionnel.

reprises et variations sur un thème

Au vrai, un tel langage se reconnaît surtout à ces reprises quasi maladives qui jalonnent la démarche du héros souffrant. Reprises inséparables du procédé très mauriacien de la variation narrative. Car, en définitive, qu'est-ce que *Le Nœud de vipères* sinon un récit à variations, ayant pour thème l'obsession de la vengeance ? Récit qui *se déroule* par vagues successives de haine, selon la loi de la gradation. Outre l'image récurrente du « nœud », c'est à de véritables *motifs* obsessionnels que se livre le narrateur. L'accusé devient alors un exutoire d'autant plus facile à la haine de l'accusateur, qu'il en est la victime offerte, passive, silencieuse. Ici encore s'impose la confrontation de deux textes : *motif* et variation :

Il faut que je vive encore assez de temps pour achever cette confession, pour t'obliger enfin à l'entendre, toi qui, pendant les années où je partageais ta couche, ne manquais jamais de me dire, le soir, dès que je m'approchais : « JE TOMBE DE SOMMEIL, JE DORS DÉJÀ, JE DORS... »   (352-3)

Nous avions beau savoir que c'était le froissement des feuilles d'un tilleul contre la maison, il nous semblait toujours que quelqu'un respirait au fond de la chambre. [...] Tu me disais : « DORMONS. IL FAUDRAIT DORMIR... »   (380)

Ainsi est transférée sur l'interlocuteur factice l'entière responsabilité de l'obsession haineuse du narrateur. Le subterfuge est subtil et le lecteur pourrait s'y laisser prendre en entendant à nouveau la voix d'Isa : « *Que tu es bête, mon chéri, de me faire peur ! J'éteins. Je dors.* » (385). Variations, on le voit, de pure forme, surtout lorsque, à l'affirmation émue d'un bonheur apparemment partagé : « [...] *sur ce banc, dans les lacets de Superbagnères, j'appuyais ma figure entre ton épaule et ton cou, je respirais cette petite fille en larmes* » (370-1), répond l'interrogation inquiète du narrateur : « *Isa, le soir où tu as pleuré, le soir où nous étions sur ce banc, dans les lacets de Superbagnères, c'était à cause de lui* [Rodolphe] *?* » (385).

Il est aussi une *figure* très mauriacienne, très représentative du thème de l'incommunicabilité qui structure l'action du *Nœud de vipères* : la prétérition. En attirant, et même en exaspérant l'attention de l'interlocuteur, réel ou fictif, sur un fait dont il ne peut — ou ne veut — parler, le protagoniste brandit une arme redoutable, au service d'une véritable technique du silence. D'où ces formules qui, bien que négatives dans leur formulation, sont lourdes de signification par leur contenu et leur prolongement affectifs chez le destinataire. Formules qui crispent le récit — comme elles crispent le destinataire, lecteur et personnage confondus — en le rendant plus haletant, plus lourd de *suspense*. Formules aussi qui, au niveau de la technique narrative, tendent moins à faire du *Nœud de vipères* un récit qu'un *anti-récit* : « INUTILE *de rappeler nos fiançailles.* » (372), *«Je* RECULE *toujours devant le récit de cette nuit.* » (380), « *Sortirai-je jamais de cette histoire ?* [ ] *déjà il m'apparaît invraisemblable que tu puisses me suivre plus longtemps.* » (389), « [...] *je n'arriverai jamais au bout de cette confession* [...] » (394). L'affaire Villenave elle-même n'échappe à ce procédé rhétorique : « [...] *enfin, je ne vais tout de même pas te rapporter cette vieille histoire.* » (397), avant d'être, à son tour, complaisamment évoquée, par le narrateur. *Figure* privilégiée de l'incommunicabilité et arme souveraine de l'autojustification, tel est le sens profond de la prétérition dans la confession de Louis. Tel était aussi son sens dans cet autre drame de l'incommunicabilité conjugale qu'est *Thérèse Desqueyroux*. Ouvrons ce roman : « *"Anne..." Thérèse prononce son nom à haute voix dans le noir. C'était d'elle qu'il faudrait d'abord entretenir Bernard... Le plus précis des hommes, ce Bernard : il classe tous les sentiments, les isole, ignore entre eux ce lacis de défilés, de passages.* COMMENT L'INTRODUIRE *dans ces régions indéterminées où Thérèse a vécu, a souffert ?* » (II, 182). Et plus loin, obsédant, lancinant, le refrain de l'incommunicabilité, à peine modifié :

« Bernard, Bernard, COMMENT T'INTRODUIRE dans ce monde confus, toi qui appartiens à la race aveugle, à la race implacable des simples ? » Mais, songe Thérèse, dès les premiers mots il m'interrompra : « Pourquoi m'avez-vous épousé ? je ne courais pas après vous... » Pourquoi l'avait-elle épousé ? C'était vrai qu'il n'avait montré aucune hâte. [...]

« Je l'ai épousé parce que... » Thérèse, les sourcils froncés, une main sur ses yeux, cherche à se souvenir.   (II, 191-2)

Mais voici, compensation fugitive de ces sombres échos, la face lumineuse de la variation mauriacienne : les descriptions. Au chant des corps répondent les voix discrètes de la nature, ces voix du silence seulement perceptibles à ceux qui s'aiment : « *La plaine, à nos pieds, se livrait au soleil dans un silence aussi profond que lorsqu'elle s'endort dans le clair de lune. Les landes formaient à l'horizon un immense arc noir où le ciel métallique pesait. Pas un homme, pas une bête ne sortirait avant la quatrième heure.* » (422). Et plus loin, cette variation à résonance romantique : « *Des chiens aboyaient. Elle* [Marinette] *me demanda si c'était la lune qui rendait les arbres immobiles. Elle me dit que tout était créé, dans une nuit pareille, pour le tourment des isolés. "Un décor vide !" disait-elle. Combien de visages joints, à cette heure, d'épaules rapprochées !* » (424). Même cadre dans les deux cas, même passion aussi. Mais dans le premier — et malgré l'annonce de la variation, « le clair de lune » —, cette passion a l'odeur du soufre et la force de l'orage. C'est le démon de midi. Dans le second règne au contraire une atmosphère d'apaisement : la passion du narrateur, désormais contenue, perce seulement à travers le style indirect de l'interlocutrice. On notera aussi avec quelle complaisance Louis s'abîme dans sa rêverie, caressant voluptueusement son rêve intérieur.

Même procédé de variation, avec amplification, dans les reprises chronologiques. Ainsi, à un thème donné — l'installation à Calèse des nouveau-mariés, Louis et Isa — répondra, avec variations, l'orchestration obsessionnelle de ce thème : « *Pourquoi étions-nous venus au retour de notre voyage de noces, à Calèse, chez ma mère ?* » (377). Réponse du narrateur : « *Quand nous revînmes de Venise, en septembre 85, tes parents trouvèrent des prétextes pour ne pas nous recevoir dans leur château de Cenon où leurs amis et ceux des Philipot ne laissaient aucune chambre vide.*

Nous trouvâmes donc avantageux de nous installer, pour un temps, chez ma mère. » (379).

Mais ce n'est pas assez pour Louis d'atteindre Isa jusque dans ses parents. Sa haine, pour se fortifier, a besoin d'un surcroît d'attention de sa part. Elle le trouvera dans cette suprême variation : «*L'année qui suivit notre mariage, ton père eut sa première attaque, et le château de Cenon nous fut fermé. Très vite, tu adoptas Calèse.* » (404).

Quant au sens et au mobile profonds de la variation, ils sont à rechercher, une fois encore, dans l'inconscient du narrateur. Sans pouvoir se l'avouer à lui-même, c'est pour donner le change à son obsession qu'il succombe à la tentation, toujours identique quoique toujours renouvelée, de la variation. Sisyphe condamné à rouler sans trêve son rocher, le héros pitoyable du *Nœud de vipères* reconnaît dans cette condamnation même le signe inverse de sa damnation. Délivré, il l'est en effet de lui-même, fantasmes et rêves confondus, par la vertu salvatrice, rédemptrice de la variation narrative. Et tous les faits de rhétorique signalés ne sont eux-mêmes en réalité que les variations multiformes d'une *figure* plus générale : la répétition. Figure-mère dans le langage de l'obsessionnel, son importance est, à ce titre, prépondérante au niveau psychologique : mieux que toute autre, elle permet au narrateur d'entretenir — fût-ce au tréfonds de son être et à ses dépens — son obsession naturelle. Mais surtout, par son mouvement incessant de «*flux et* [*de*] *reflux autour d'un roc central*»[18] — sa haine — elle lui permet, non sans quelque coquetterie masochiste, d'étancher quelque peu sa soif de revanche.

DEUXIÈME PARTIE

UN RÉCIT AFFECTIF

CHAPITRE PREMIER

LES MÉANDRES CAPRICIEUX DE LA NARRATION

histoire et événements

Une rhétorique aussi caractéristique ne peut avoir qu'un impact retentissant au niveau de l'ensemble du récit. L'obsession du narrateur ne se concrétise plus seulement par la présence de telle ou telle *figure*. C'est elle qui affecte le système narratif tout entier en lui donnant une structure spécifique. Or, le point de départ de ce mécanisme complexe est à rechercher dans le sujet, l'histoire même du *Nœud de vipères*. Histoire simple en vérité que celle de cet époux, de ce père qui, se croyant victime d'un complot général, va tout tenter pour déposséder femme et enfants de ses biens. Existence tissée de déceptions, de rancœurs, de souffrances dont l'écho retentit, sous des formes diverses, à chaque page du roman. Deux parties, de longueur à peu près semblable, divisent le récit. Vingt chapitres, répartis entre ces deux parties, lui confèrent, en apparence, un parfait équilibre. En effet, à aucun moment, en dépit de la complexité de l'œuvre, due surtout à la fusion constante entre présent et passé, le propos de Louis ne cesse d'être simple, ni clair le développement de l'histoire : une lettre écrite sous forme de bilan compose la première partie tandis que la seconde en répercute et prolonge les échos dans un Journal. Rigueur et sobriété semblent, de prime abord, caractériser ce récit aux couleurs sombres. Par ailleurs, peu de faits, d'événements marquants dans *Le Nœud de vipères*, qui retrace seulement l'existence d'une famille où rien d'extraordinaire ne se produit dans l'ordre matériel. En vain y chercherait-on le spectaculaire et l'insolite. Bien au contraire : les événements ressortissent au banal de la vie la plus quotidienne, vécue au sein d'une province non moins banale. Sans vouloir « faire quelque chose de rien », comme le réclamait l'auteur de *Bérénice*, Mauriac se montre avant tout attentif au drame de sa créature, à ses développements en elle comme à son dénouement. Ce qu'il perd en étendue, Mauriac-narrateur le gagne en profondeur : dans *Le Nœud de vipères*, peu d'événements extérieurs au drame, ce qui l'intéresse étant l'histoire intérieure du protagoniste. La complexité du personnage, sa fureur introspective, entraînent en effet le romancier à subordonner l'intrigue à la psychologie. Mauriac a fait un choix narratif en se voulant, dans *Le Nœud de vipères*, explorateur d'une âme. Nulle trace ici de coups de théâtre, d'aventures extraordinaires. Ce qui domine plutôt c'est un climat, une atmosphère, dus au frémissement intime du personnage et qui gonflent le récit d'une lourde palpitation interne.

De l'événement en tant que tel, l'importance est donc pratiquement nulle aux yeux du romancier. Matériellement, positivement, cet événement ne joue dans *Le Nœud de vipères* qu'un rôle secondaire. En revanche, énorme est son retentissement dans l'âme du héros, en tant que signe de sa vie intérieure. Aussi, dans le roman, un événement reconnu, socialement, comme des plus ordinaires peut avoir, psychologiquement, un impact imprévisible sur le personnage. Dans la vie courante, le mariage ne représente qu'un événement ordinaire, chargé le plus communément de l'idée de bonheur. Dans *Le Nœud de vipères*, ce mariage devient géhenne, torture pour Louis et Isa, voués à l'indifférence et à la haine réciproques, signes vivants et tragiques d'une irréductible incommunicabilité. De plus, parmi les événements qui se présentent à lui, le narrateur opère une sélection, un choix : seuls sont retenus ceux qui lui permettent de se révéler à sa femme ou à ses enfants tel qu'il est. S'agit-il de la mort de Marie, le narrateur, loin de rappeler en quelques lignes cet événement, s'y attarde au contraire, fût-ce à ses propres dépens. L'épisode est narré scrupuleusement. Aucun détail n'est omis, aucune réaction négligée, d'où qu'elle vienne, tant est fidèle et tenace la mémoire de l'obsessionnel :

Après plus de trente années, je ne saurais, sans un immense effort, y arrêter ma pensée. Je sais ce dont tu m'as accusé. Tu as osé me déclarer en face que je n'avais pas voulu de consultation. Sans aucun doute, si nous avions fait venir le professeur Arnozan, il aurait reconnu un état typhique dans cette prétendue grippe. Mais rappelle tes souvenirs. Une seule fois, tu m'as dit : « Si nous appelions Arnozan ? »   (426-7)

Non que l'événement n'ait de soi une réelle importance : une mort reste toujours une mort. Mais, plus que sa matérialité même, c'est son retentissement dans l'âme de Louis qui mobilise l'attention du lecteur. Cette mort, entourée d'aussi odieuses circonstances pour le narrateur, se voit délibérément grossie, passée à la loupe de son inlassable obsession. Même grossissement dans la narration des faits quand Isa meurt à son tour. Rien n'échappe alors à la subjectivité dévorante et toujours aux aguets du narrateur : «*Je froissai les télégrammes et continuai de manger, l'esprit préoccupé parce qu'il faudrait trouver la force de prendre le train du soir. Pendant plusieurs minutes, je ne pensai qu'à cela ; puis un autre sentiment se fit jour en moi : la stupeur de survivre à Isa. Il était entendu que j'allais mourir.*» (491). Un tel coup du destin déclenche subitement une pause dans la narration des faits, tandis qu'à cet arrêt correspond une mobilité accrue des sentiments du personnage : «*Alors, mon imagination entra en jeu. Pour la première fois, je vis Isa telle qu'elle avait dû être sur son lit, la veille et l'avant-veille. Je recomposai le décor, sa chambre de Calèse (j'ignorais qu'elle était morte à Bordeaux).*» (491-2).

Mais, de tous les événements du récit, le plus révélateur au niveau de la psychologie du narrateur comme de la technique narrative est sans doute l'épisode de l'affaire Villenave. Dégagée de tout contexte conjugal et familial, cette obscure affaire judiciaire semblait de prime abord, et par son insignifiance même, vouée au plus juste des oublis. C'est méconnaître le caractère profond de Louis et son insatiable soif de vengeance. Dès lors, son obsession place l'événement sous le plus cru des éclairages : l'éclairage subjectif. Loin en effet de constituer un épisode extérieur au récit central — la confession de Louis — cette affaire en est, au contraire, un support des plus sûrs. N'est-ce pas elle qui sert au personnage de justification objective, voire «historique», de caution morale ? Louis ne se sert-il pas de ce fait divers pour cautionner sa haine ? Ainsi, ce qui semblait à l'origine ressortir à l'objectivité la plus pure prend soudain, réfracté à travers la conscience du narrateur, une forte coloration subjective : «*À partir de l'affaire Villenave (1893) je me révélai en outre comme un grand avocat d'assises (il est très rare d'exceller dans les deux genres) et tu fus la seule à ne pas te rendre compte du retentissement universel de ma plaidoirie. Ce fut aussi l'année où notre mésentente devint une guerre ouverte.*» (395).

Réfraction révélatrice d'une logique toute passionnelle qui se plaît à confondre deux domaines objectivement distincts : vie privée et vie professionnelle. Car, au «*retentissement universel*» (395) et purement extérieur, objectif, de l'affaire, se superpose, dans les profondeurs de l'être, un retentissement intérieur, subjectif, que Louis voudrait faire partager à son interlocuteur : Isa. Le décor obsessionnel désormais planté, la narration objective des faits va sans cesse recouper, dans un chassé-croisé lourd de signification, l'histoire d'une conscience : «*Cette fameuse affaire Villenave, si elle consacra mon triomphe, resserra l'étau qui m'étouffait : peut-être m'était-il resté quelque espoir ; elle m'apporta la preuve que je n'existais pas à tes yeux.*». Guerre intestine alimentée par le succès personnel du narrateur et dont l'intensité est à la mesure même de ce « triomphe ». Ressassés par une subjectivité quasi maladive, les faits, démesurément grossis, connaissent un luxe de détails : « *Ces Villenave, – te rappelles-tu seulement leur histoire ? – après vingt ans. de mariage, s'aimaient d'un amour qui était passé en proverbe. On disait "unis comme les Villenave". Ils vivaient avec un fils unique, âgé d'une quinzaine d'années, dans leur château d'Ornon, aux portes de la ville, recevaient peu, se suffisaient l'un à l'autre [...].* ». Cette surcharge narrative risquerait d'ailleurs de sombrer bien vite dans l'écueil de l'enquête policière si, brusquement, par un mouvement introspectif dont il a le secret, le narrateur ne revenait à son cas personnel, par la voie détournée de la généralisation : « *Ah! le flair des hommes qui ne sont pas aimés pour dépister la passion chez autrui! L'amour conjugal possédait entièrement cette femme. Elle n'avait pas tiré sur son mari.* » (396).

récit et micro-récits

Au demeurant, l'affaire Villenave n'est, dans *Le Nœud de vipères*, que l'illustration la plus marquante du traitement singulier que le narrateur fait subir à l'événement en tant que tel. Car, à observer de plus près l'ensemble du récit, nous assistons à de véritables bouleversements narratifs suscités par la haine et son corollaire : la vengeance. Étonnement du lecteur devant un récit qui offre une structure aussi dispersée, aussi bizarre en apparence, aussi frêle, aussi touffue. Pourquoi surtout cette histoire du *Nœud de vipères*, dont nous avons souligné la rigoureuse simplicité linéaire, apparaît-elle brusquement aussi morcelée, aussi désordonnée? C'est qu'ici surgit l'irréductible opposition entre *l'histoire* proprement dite et le récit. Opposition, divorce même qui, paradoxalement, aboutiront à un mariage de raison donnant naissance à ce fruit fragile : le roman (voir pp. 162-3[19]). D'un côté en effet l'histoire, le sujet de l'œuvre : l'ensemble des faits romanesques. Située du côté de la réalité, l'histoire ainsi comprise « *se veut mime expressif des choses telles qu'elles sont* » (p. 158[19]). C'est donc à une organisation conflictuelle de l'histoire et du récit que le roman − que tout roman − doit sa naissance. Précaire synthèse, on le voit, équilibre fragile que celui des relations unissant, comme malgré eux, histoire et récit. C'est à ces relations sans cesse rompues, sans cesse renouées qu'assiste, quelque peu dérouté, le lecteur du *Nœud de vipères*. Structure où l'on voit le couple antinomique histoire/récit projeter « *leur désaccord tout au long du livre, en un mouvement dialectique qui oppose alternativement le continu au discontinu et le discontinu au continu* » (p. 161[19]). Tout se passe en effet chez Mauriac comme si nous assistions à la projection de deux axes ; l'un, horizontal, unilinéaire (l'histoire), l'autre vertical (le récit). Axe de l'histoire coupé, plus précisément, à intervalles irréguliers, par une succession d'axes verticaux (les micro-récits) dont l'ensemble constituerait le Récit proprement dit. Une telle structure narrative explique ce *boitement* qui caractérise si bien l'allure, profondément originale, du *Nœud de vipères*. Telle une immense phrase, ne voit-on pas en effet le récit s'engendrer lui-même, indéfiniment, dans une sorte de mouvement perpétuel, fait de constants va-et-vient, correspondant aux sautes d'humeur du protagoniste et constituant la vie interne du récit[20] ? Boitement structural, « *jeu incessant de potentiels, dont les chutes variées donnent au récit son "tonus" ou son énergie* » (p. 26[21]). Reste au lecteur à suivre maintenant pas à pas, à l'ombre du narrateur, mieux : à travers sa démarche hésitante, celle, non moins tâtonnante, d'un récit aux capricieux méandres.

Ce qui frappe en effet dès la première lecture de ce récit c'est avant tout son cours sinueux, irrégulier. Sinuosité, irrégularité, caprice même qui s'expliquent par un processus très particulier d'*engendrement* des séquences narratives. Ici en effet peu de traces de ce procédé élémentaire de combinaison qui consiste à enchaîner bout à bout, l'un à l'autre, sans la moindre interruption, un ensemble de séquences. Mauriac-narrateur préfère, quant à lui, celui de l'enclave narrative, faite d'*emboîtements*, non pas gratuits mais, au contraire, très révélateurs de la personnalité du héros. Théoriquement le procédé est très simple : la séquence de base, élémentaire, la séquence-mère passe par l'intermédiaire d'autres séquences avant d'arriver à son terme. Le lecteur assiste non pas à «*une chaîne unilinéaire de termes se succédant selon un ordre constant* [mais à une] *juxtaposition d'un certain nombre de séquences qui se superposent, se nouent, s'entrecroisent*» (p. 18[22]). Dans la pratique, au contact de la réalité narrative, le mécanisme s'avère plus complexe. En ce qui concerne *Le Nœud de vipères*, tout se passe comme si dans l'épisode central, constitué par la confession de Louis, s'emboîtaient, s'enchaînaient des micro-récits (voir pp. 60-76[21]), véritables greffes reliées organiquement au récit principal. En effet, la séquence initiale (347-53), qui renseigne le lecteur sur les intentions vengeresses de Louis, ne se clôt qu'après la mort d'Isa (501-2). Entre les deux pôles de cette séquence-mère, oscillations fantasques d'un récit plié servilement au caprice du héros, s'intercalent des enclaves narratives.

Mais prenons le fleuve à sa source. Tout commence donc par ce désir de vengeance si obsédant chez le narrateur : c'est la phase initiale de la séquence A (voir schéma page suivante). Premier point d'ancrage de la haine : «*Tu seras étonnée de découvrir cette lettre dans mon coffre, sur un paquet de titres.* [...] *Mais c'est que, pendant des années, j'ai refait en esprit cette lettre et que je l'imaginais toujours, durant mes insomnies, se détachant sur la tablette du coffre, d'un coffre vide, et qui n'eût rien contenu d'autre que cette vengeance, durant presque un demi-siècle, cuisinée.*» (347). Le mot clé du récit est brusquement lâché : dans cette amère confession il sera question de vengeance, encore de vengeance, toujours de vengeance. S'amorce également ce pro-

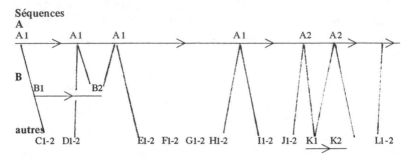

nous désignons par A B C... les différentes séquences du récit (A 1 : début, A 2 : fin)

cédé si singulier du système narratif : la distorsion[21]. Avec elle
s'instaure chez le lecteur un climat lourd de *suspense*, puisque —
nous le savons — la séquence initiale ne se terminera qu'avec la
mort d'Isa. Notons que ce *suspense*, au point de vue narratif, se
concrétise fréquemment, dans *Le Nœud de vipères*, par les procédés classiques de retard et de relance. Ainsi Louis s'interroge-t-il
dès les premières pages du récit, créant par là même, dans l'esprit
du lecteur, une attente fébrile et anxieuse : « *Quelle est cette
fièvre d'écrire qui me prend, aujourd'hui, anniversaire de ma
naissance ?* » (349). Le *suspense* est ici le puissant moratoire de la
haine du narrateur. Mais voici le premier « décrochage » : « *Il a
fallu que je m'interrompe... on n'apportait pas la lampe ;* [...] »
(351), générateur d'un nouveau *suspense*, lui-même amplifié par la
présence d'un premier point d'ancrage affectif dans un passé
nostalgique : nouvelle séquence (B) dont la première phase s'ouvre
sur une brusque rupture narrative et un brusque contraste temporel : « [...] *je ne doutais pas que tu ne fusses aussi démunie
que moi-même ;* [...] *je ne le croyais pas jusqu'au soir...* [§]
C'était dans cette chambre où j'écris aujourd'hui [...]. » (353).

Tout commence, entre Isa et Louis, comme dans un conte de fées... à l'envers : dans un climat de cauchemar. Non pas une pièce « rose » mais une pièce « noire » ! Première trappe qui s'ouvre, aussi soudaine qu'indiscrète, dans un passé des plus redoutables pour le narrateur. *Embrayage* tout affectif marqué par la double présence du démonstratif (*C' - cette*). La jalousie commence à gagner le personnage, et avec elle, la fièvre de l'affectivité. Mais voici qu'à la faveur d'une nouvelle trappe, communiquant avec la première, le lecteur se trouve entraîné, comme malgré lui, à la suite de Louis, dans un passé encore plus lointain. À sa suite, nous *plongeons* — puisque tel est son besoin maladif d'autojustification — aux racines de son être. Nous nous surprenons à arpenter les obscurs chemins de son enfance, tandis que l'obsession, toujours renaissante, toujours grandissante, est là, bête monstrueuse, tapie dans l'inconscient, prête à faire surface à la moindre alerte et à jeter ses diaboliques sortilèges. Puis, brusquement, surprise : nous découvrons que la trappe maléfique n'était rien de moins que le trou du souffleur : « *Je me rends compte, aujourd'hui, à quel point j'étais un enfant gâté.* » (355). Nouvel ancrage de la haine, tandis que, inlassable, le narrateur nous *plonge*, une fois encore, dans sa jeunesse :

J'étais un « bûcheur » et m'en faisais gloire : un bûcheur, rien que cela. Il ne me souvient pas au lycée, d'avoir trouvé le moindre plaisir à étudier Virgile ou Racine. Tout cela n'était que matière de cours. [...] Voilà l'idiot que j'étais et que je fusse demeuré peut-être sans l'hémoptysie qui terrifia ma mère et qui, deux mois avant le concours de Normale, m'obligea de tout abandonner. (356)

Jeunesse studieuse en vérité mais déjà placée sous une mauvaise étoile ! Tel est l'aspect de la phase initiale de la troisième séquence (C) qui se terminera à la fin du chapitre II. À cet endroit précis, le narrateur, une nouvelle fois, et non sans quelque coquetterie, va quémander à son destinataire, Isa, et, à travers elle, à son lecteur, bienveillance et compréhension :

« *Pardonne-moi de m'attarder ainsi. Sans tous ces détails, peut-être ne comprendrais-tu pas ce qu'a été notre rencontre, pour le garçon ulcéré que j'étais, ce que fut notre amour. Moi, fils de paysans, et dont la mère avait "porté le foulard", épouser une demoiselle Fondaudège! Cela passait l'imagination, c'était inimaginable...* » (363).

Plus que la bienveillance, c'est l'aumône d'un *suspense* auto-justificateur qu'il réclame dans de tels propos. Remarquons ici que, sur les trois séquences déjà mentionnées, seule la troisième (C) est définitivement close, les deux autres (A et B) restant « ouvertes » et perméables à l'expansion narrative. À noter aussi l'enchaînement immédiat entre le début de la séquence (B) et celui de la séquence (C). Le processus, désormais enclenché, de l'expansion narrative, semble maintenant irréversible : le fleuve quitte sa source, la haine, pour entrer dans son embouchure : le bonheur de Louis. Nouvel ancrage affectif dans le passé du personnage, même si ce bonheur, rongé de l'intérieur par une conscience sans cesse à l'affût, s'avère finalement fantomatique. C'est la séquence (D) : le récit de la première rencontre d'Isa et de Louis, très nettement souligné par l'opposition liminaire entre présent et passé : « *Mais d'abord,* SOUVIENS-TOI *de notre première rencontre. J'*ÉTAIS *à Luchon, avec ma mère, en août 83. L'hôtel Sacarron de ce temps-là* ÉTAIT *plein de meubles rembourrés, de poufs, d'isards empaillés. [...] Tout le premier* ÉTAIT HABITÉ *par les Fondaudège. Ils* OCCUPAIENT *l'appartement du roi Léopold. "Fallait-il qu'ils fussent dépensiers, ces gens-là"* DISAIT *ma mère.* » (365). Brusquement, nous voici à nouveau entraînés dans une trappe dont le narrateur détient la clé mystérieuse, trappe qui nous plonge dans un passé antérieur au récit de la nuit fatale datant de 1885 (l'année même de la naissance de Mauriac!). L'expansion narrative constitue ici le plus puissant catalyseur de la haine du personnage, n'étant rien de moins qu'épanchement du cœur. L'obsession vengeresse et autojustifi-

42

catrice du narrateur cherche en effet à totaliser, si l'on peut dire, ses preuves d'innocence aux yeux de son partenaire, quitte à s'annexer, dans un clin d'œil complice, l'absolution libératrice d'un second destinataire : le lecteur. Cette séquence, qui est donc une nouvelle expansion du récit central, s'enchaîne, elle aussi, immédiatement à la précédente. Le fleuve continue de s'élargir comme continue de s'amplifier, dans l'imagination du héros, le rêve symphonique d'un inaccessible bonheur. Si en effet ce beau rêve n'était, déjà, que le plus beau des leurres? Si la nostalgie n'était que l'oreiller, cruellement douillet, de la souffrance? Si l'idyllique et prometteuse rencontre des deux protagonistes n'était, finalement, que l'un des mille visages de l'ample comédie humaine? Brusquement le beau rêve avorte : l'idylle, métamorphosée en complot, devient l'antichambre de la plus grotesque des valses sentimentales. Nous remontons le fleuve à sa source : «*Nous affections, nous, les "tourtereaux", de nous désintéresser du débat. J'imagine que tu avais autant de confiance dans le génie de ton père que moi dans celui de ma mère. Et après tout, peut-être ne savions-nous, ni l'un ni l'autre, à quel point nous aimions l'argent...* » (375). Retour en force de la haine, perceptible à la fois dans le fort contraste temporel et dans le ton rageur du vieil avare :

> Non, je suis injuste. Tu ne l'as jamais aimé qu'à cause des enfants. [...]
> Alors que moi... j'aime l'argent, je l'avoue, il me rassure. Tant que je demeurerai le maître de la fortune, vous ne pouvez rien contre moi. [...] Eh bien! oui, j'ai peur de m'appauvrir. Il me semble que je n'accumulerai jamais assez d'or. Il vous attire, mais il me protège. (375)

Bref reflux en vérité car l'humeur capricieuse du narrateur nous replonge maintenant dans la seconde phase de la deuxième séquence (B2) : l'épisode de Rodolphe : «[...] *mais je divague, je bats la campagne... ou plutôt, je me dérobe au rappel de cette nuit où tu as détruit, à ton insu, notre bonheur.* » (377). Épisode qui consacre par avance l'échec conjugal de Louis et clôt définitivement la séquence (B) : « *À quel point notre mariage était disproportionné, je n'en avais jamais eu conscience jusqu'à cette minute.* » (383). Puis, nouveau point d'ancrage, aussi rapide que solide, à la source : « *Il ne me semble pas que je t'aie haïe dès la première année qui suivit la nuit désastreuse. Ma haine est née, peu à peu, à mesure que je me rendais mieux compte de ton indifférence à mon égard* [...]. » (395).

À sa manière, le narrateur éprouve le besoin de se rasséréner... dans sa haine. Le temps qu'il faut avant de changer de cap, de prendre un nouveau départ pour le passé. Alors se succèdent en cascades, dans un enchaînement parfait, ces expansions à la fois narratives et affectives que sont les séquences (E) (F) (G) (H), véritable quatuor de la délivrance intérieure. Le fleuve ici sort de son lit : il déborde. Ce n'est plus l'embouchure mais c'est déjà l'océan. Peu à peu, la haine du héros va se vider de toutes ses scories pour s'épurer à la lumière de l'amour : à l'affaire Villenave (E) succède logiquement, dans l'esprit du narrateur, sa liaison éphémère (F). Encore celle-ci ne représente-t-elle pour lui que la face travestie et ténébreuse de l'amour. Justement, voici qu'à l'horizon de son cœur, discrète mais lumineuse, se dessine cette autre face du bonheur : Marinette (H). Rencontre de deux âmes fraternelles, égarées dans un univers étouffant, oppressant. Expansion « affective » entre toutes et habilement préparée par la séquence (G) relatant cette autre rencontre fraternelle et inespérée : celle de l'abbé Ardouin (412-6). L'amitié est ici le signe avant-coureur de l'amour. Survient alors l'épisode de la mort de Marie, qui préfigure déjà celle d'Isa : c'est la séquence douloureuse (I). Présent et passé s'entrechoquent, l'espace d'un éclair, tandis que le *suspense* tient en haleine le lecteur : « *La petite Marie* [...] *était couchée avec la fièvre ; elle souffrait, depuis plusieurs jours, d'un dévoiement qui t'inquiétait. C'est une justice à te rendre, lorsqu'un de tes enfants était malade, rien ne comptait plus.* [§] *Je voudrais passer vite sur ce qui a suivi.* » (426).

Bref ancrage dans la haine, nouveau reflux vers la source mais qui, déjà, porte en lui la force latente et virtuelle d'un flux revigoré, fertilisant le passé du narrateur. La séquence suivante (J) se fait d'autant moins attendre qu'un lien à la fois logique et affectif la relie à la précédente : Marie morte, il ne reste au héros qu'à reporter son affection sur Luc. C'est l'échec : le fils de Marinette — son propre fils peut-être [23] — refuse de se plier à la manœuvre qui permettrait à Louis de déposséder ses propres enfants d'une partie de ses biens. Tout n'est donc qu'échec dans cette sombre existence. Bonheur certes, parfois, mais fugace, fragile, de cette fragilité du fruit qui tombe, dès qu'on le touche. Échec dans sa vie conjugale et dans son rôle de père. Échec devant le refus de Luc d'accepter sa louche proposition. Échec finalement — du moins en apparence et si l'on en croit la version définitive du roman! — dans ses propres rapports avec Marinette. Mais voici que tout semble basculer au chapitre XI, lors de la fameuse nuit de grêle. L'échec certes est encore au rendez-vous de la haine mais il est purement matériel et, par là même, porteur des plus belles promesses. La grande séquence initiale (A1), qui avait connu de spectaculaires rebondissements au cours de cette première partie resurgit mais comme moribonde. Résurgence avortée, à la mesure du détachement du héros : le fleuve de la haine est étale.

À leur tour, voici surgir les séquences « parisiennes ». Sinueuse — on vient de le voir — avait été jusque-là la courbe du fleuve, capricieux ses méandres. Le fleuve maintenant devient maquis. Ce ne sont plus désormais que séquences entrecroisées, que courbes entrelacées, qu'arabesques finement tressées.

À cette course haletante, le lecteur perd son souffle, égaré dans un dédale de routes sans cesse perdues, sans cesse retrouvées. Telle piste semblait le conduire à un chemin sûr quand, brusquement, se dresse devant lui, imprévue, l'impasse. Dans ce labyrinthe narratif, dans cette forêt mentale où le narrateur l'entraîne, habile le lecteur qui peut se flatter de maintenir ferme le cap ! Routes incertaines ou plutôt déroute morale du narrateur à laquelle correspond la déroute compréhensible du lecteur. Ce n'est plus le récit qui ronge le Récit. C'est ce récit lui-même qui se trouve rongé et comme gangrené par l'irruption en son sein d'une multitude de micro-récits. Mais essayons, du moins, de retrouver le fil d'Ariane que nous tend le narrateur dans sa nuit. Voici, dans l'ombre, la séquence du complot tramé entre Louis et Robert : séquence (K). La manœuvre vengeresse du narrateur en constitue le premier volet : «*Robert prend un coffre à son nom, dans un établissement de crédit ; j'y transporte ma fortune. Il me donne sa procuration pour l'ouvrir et s'engage à ne pas y toucher lui-même jusqu'à mon décès. Évidemment, j'exige qu'il me signe une déclaration, par laquelle il reconnaît que tout ce que renferme le coffre m'appartient.* » (449-50).

Manœuvre qui, elle aussi, aboutira à un nouvel échec : la trahison de Robert. Échec et trahison sur lesquels se referme le second volet de la séquence (K2) : «*J'avais pressenti cette trahison, mais n'y avais pas arrêté ma pensée, par fatigue, par paresse.* » (478). À la charnière de ce ténébreux diptyque : nouvelle résurgence de la haine, ultime soubresaut : «*Tu le retrouveras ton argent, Isa, pensais-je, ton argent que j'ai fait fructifier. Mais rien que cela, et pas autre chose. Et ces propriétés mêmes, je trouverai le joint pour qu'ils ne les aient pas. Je vendrai Calèse ; je vendrai les landes.* » (468).

On le sent : malgré ces coups de sonde réitérés dans la conscience haineuse du narrateur, malgré ces ancrages désespérés à la source : sa haine, le récit insensiblement s'achemine vers sa fin. La mort d'Isa intervient dans ce contexte d'agonie narrative, *deus ex machina* propice aux thèses du romancier catholique. Douzième séquence (L), presque close sitôt qu'ouverte (491-4) : «*Même si j'étais arrivé à la dernière minute, même si nous n'avions échangé aucune parole, elle* [Isa] *aurait vu ces larmes*

qui maintenant sillonaient mes joues, elle serait partie, empor-
tant la vision de mon désespoir. » (494).

Séquence pathétique par excellence, dernier ancrage affectif dans un passé douloureusement irréversible. La haine du narrateur est désormais définitivement étale, mieux : éteinte. Éteinte définitivement sa soif de vengeance : « [...] *j'éperonnais ma vieille haine ainsi qu'un cheval fourbu : elle ne rendait plus. Détente physique, ou satisfaction d'avoir eu le dernier mot, je ne sais ce qui m'adoucissait malgré moi.* » (497). La disparition d'Isa, imprévue pour le narrateur si elle ne l'est pour le lecteur, désamorce toute velléité de revanche chez le protagoniste : «*À ce moment-là, je m'aperçus que ma haine était morte, mort aussi ce désir de représailles. Mort, peut-être, depuis longtemps. J'avais entretenu ma fureur, je m'étais déchiré les flancs.* » (501).

La boucle obsessionnelle est donc bien bouclée. Bouclé aussi ce fleuve de haine qui désormais sommeillera définitivement dans son lit. Avec la mort de cette haine, le récit peut maintenant glisser, à travers sa lente agonie, jusqu'à sa mort même. L'épilogue spirituel prend alors le relais de la narration, affluent apparemment dérisoire mais non moins vivant d'un fleuve à jamais enseveli (507-29).

Perçue dans un tel climat de fièvre narrative, la structure du *Nœud de vipères* serait-elle, pour autant, déficiente ? Déroutante, sans doute. Originale, certainement. La structure sinueuse de ce récit répond en effet à une volonté délibérée du romancier et à une nécessité intérieure de son personnage. Structure savante de cette confession dont le rythme syncopé s'accorde parfaitement à la crise du héros. Structure fragile certes, comme est fragile, dans sa grandeur même, le cœur de l'homme mauriacien.

DÉCOUPAGE ROMANESQUE ET DESCRIPTION

du conventionnel au vécu

La structure du *Nœud de vipères* constitue, au sens large, sa « forme »[21], l'intégration narrative son sens profond. Or, à première vue, les articulations naturelles du texte, aisément repérables dans ses deux parties et dans sa répartition en chapitres (vingt au total), sont scrupuleusement respectées. Chacune de ces parties groupe approximativement le même nombre de chapitres (première partie : 11, deuxième : 9) et comporte à peu près la même longueur globale (première partie : 98 pages, deuxième : 89 pages). Cette structure externe du récit semble donc répondre, chez le romancier, à un seul souci d'équilibre narratif. Impression d'autant plus légitime chez le lecteur que cet équilibre même se voit renforcé par la précision qu'apporte le personnage central quant aux lieux de sa narration. Le premier, Calèse, est en effet censé situer l'action de la première partie. Calèse, c'est-à-dire Malagar, la propriété de l'écrivain, dont le décor transparaît en filigrane dès les premières pages du roman : « *J'ai sonné en vain ; les sonnettes ne fonctionnent jamais à la campagne.* » (348). Imprécision qui s'estompe chez le lecteur lorsqu'il se rend sur les lieux mêmes du roman pour constater, près de l'habitation principale, ce « *toit de chais dont les tuiles ont des teintes*

vivantes de fleurs ou de gorges d'oiseaux » (351). Second lieu
de la narration : Paris, rue Bréa (447), sur lequel revient à deux
reprises le narrateur : « *Ce soir, treize juillet, un orchestre joue
en plein vent ; au bout de la rue Bréa, des couples tournent.* »
(451). Et, en écho, cette répétition, caractéristique du personnage : « *Ce soir, rue Bréa et devant la Rotonde, ce ne sont
pas des voyous qui dansent. Rien de crapuleux : des garçons
vigoureux, tête nue ; quelques-uns portent des chemises ouvertes
aux manches courtes. Parmi les danseuses très peu de filles. Ils
s'accrochent aux roues des taxis qui interrompent leur jeu, mais
avec gentillesse et bonne humeur.* » (469).

Deux lieux donc nettement distincts dans cette narration où
l'harmonie et l'équilibre semblent de règle. Pure apparence en
vérité, car rien de plus conventionnel et d'arbitraire que ce
découpage du récit en deux parties aussi différenciées. Belle
ordonnance externe certes mais toute factice que celle, connue
du lecteur, à travers l'édition définitive ! Tout autre est en effet
la réalité du texte manuscrit[24]. Au recto du feuillet 3, cette
simple indication de date : « *16 Fév. 31* », suivie de ce chiffre :
« *I* ». Sans doute faut-il voir dans cette indication énigmatique le
début de la première partie, bien que la seconde, non notée par
II dans le manuscrit, commence au recto du feuillet 96, sans
autre indication. Sentiment justifié par le fait que, à aucun
moment, n'apparaît dans le texte autographe d'indication de
chapitres. Seul un espace d'une demi-page (recto du feuillet 95) permet
au lecteur de passer insensiblement de la première à la seconde
partie. Cela tendrait donc à prouver que Mauriac a voulu donner
à la confession de Louis un mouvement continu, régulier, obéissant à une sorte de flux ininterrompu de haine et de vengeance
que restituerait cette rédaction d'un seul jet. Du même coup,
se trouve accrue la précarité de l'architecture externe du *Nœud
de vipères*, qu'accentue, dans l'édition définitive, la dimension
irrégulière des différents chapitres. À cet égard la première partie

constitue, à elle seule, un exemple des plus représentatifs : découpage en chapitres de longueur très variables (chap. I : 8 pages, chap. II : 9 p., chap. III : 13 p., chap. IV : 11 p. et le chapitre XI qui clôt cette partie : seulement 4 pages !) correspondant à une nécessité interne, vécue par le narrateur, dans son acte même de communication. Ainsi le chapitre III, le plus long de la série, ne l'est pas par pure fantaisie narrative : c'est lui qui retrace l'épisode capital de la première rencontre d'Isa et de Louis. On comprend dès lors que ce dernier, parfois laconique, se montre au contraire ici des plus prolixes — le moindre détail sur les circonstances de cette rencontre devant lui servir de caution morale, voire de pièce à décharge. Inversement, si le chapitre XI ne comporte que quatre pages, sa brièveté même n'implique nullement un quelconque relâchement dramatique. Bien au contraire, on l'a vu, cette nuit, à la fois tragique et symbolique, exprime dans son raccourci saisissant, plus efficace que de longs développements, la densité du drame qui se joue dans la conscience du héros.

D'ailleurs, cette nécessité interne se retrouve dans le lien qui unit chaque chapitre des deux parties. Au-delà du caractère arbitraire et factice du découpage externe, ces différents chapitres entretiennent mutuellement des rapports réels, secrets, mystérieux. Balayant les oripeaux de la convention romanesque, ils épousent, par l'étroitesse de leur lien interne, la vie pour ainsi dire organique du récit. Tel, dans la première partie, le début du chapitre II qui, après un bref retour au présent : « *Quand je songe que c'est après quarante-cinq années qu'il m'est donné de m'expliquer là-dessus !* » (354), reprend, dans son mouvement même, la fin du chapitre précédent : « *Non, je n'éprouvai, pendant ta confession, aucune* JALOUSIE. » (355). À côté de : « *Ne va pas croire surtout que notre malheur ait sa source dans la* JALOUSIE. » (354). Le lecteur est maintenant familier de ces échos chers à l'obsessionnel et aisément perceptibles dans le récit grâce à d'étranges similitudes de vocabulaire. Bien plus, le narrateur éprouve le besoin quasi morbide de revenir, fût-ce inconsciemment, sur le motif réel de son obsession. Pour cela, un procédé facile : résumer d'un trait la situation. Tel est le sens du premier extrait cité.

Plus révélateur encore de cette vie interne du récit, l'enchaînement naturel des deux parties. Certes, le lieu de la narration change mais non le temps : si nous quittons Calèse pour Paris nous restons dans un présent de haine et de vengeance nettement inscrit dans les propos du protagoniste : «*Quel jour ouvrent sur moi les dernières lignes, écrites la nuit de la grêle! N'étais-je pas au bord de la folie?*» (447). Le début du chapitre XII est donc l'écho direct du précédent. En assurant la continuité narrative, il dote aussi cette confession de son sens dernier : celui d'une transformation interne du héros à la mesure d'une logique, non moins interne, du récit. Parfois même, l'intégration narrative peut autoriser, d'une partie à l'autre, des liens plus hardis, des échanges plus subtils, des échos plus secrets. Témoin ces chapitres XII et XIII, séparés artificiellement par le découpage romanesque dans l'édition définitive mais organiquement solidaires dans l'esprit du narrateur. Tout comme le début du chapitre XV qui situe une nouvelle fois l'action à Calèse, ces deux chapitres marquent un retour très audacieux à la première partie et à son cadre, alors même que Louis est censé écrire son Journal à Paris : «*Ô paisible Calèse! Je me souviens de la dernière nuit que j'y ai vécue* [...].» (451). Quel lecteur s'étonnera d'une telle audace narrative? Le moins averti y verra en effet le signe irréfutable d'une impérieuse nécessité interne, vécue obsessionnellement par le narrateur.

un statut particulier : la description

À un niveau différent, quoique complémentaire, les descriptions qui jalonnent *Le Nœud de vipères* entrent, elles aussi, dans le cadre de l'intégration narrative. Plutôt que d'opposer en effet narration et description, ne convient-il pas d'examiner au préalable les rapprochements possibles entre ces deux types de représentation littéraire ? Certes, l'un apparaît de prime abord plus dynamique : la narration proprement dite, l'autre plus statique : la description. Surtout, l'un comme l'autre traduisent deux attitudes opposées devant le monde et l'existence : la première, plus active, se manifeste plutôt dans la narration, la seconde, plus contemplative, dans la description : « [...] *la narration s'attache à des actions ou des événements considérés comme purs procès, et par là même elle met l'accent sur l'aspect temporel et dramatique du récit ; la description au contraire, parce qu'elle s'attarde sur des objets et des êtres considérés dans leur simultanéité, et qu'elle envisage les procès eux-mêmes comme des spectacles, semble suspendre le cours du temps et contribue à étaler le récit dans l'espace.* » (p. 158[21]) ? Faut-il en conclure que narration et description soient vouées à une irréductible opposition ? Tant s'en faut. C'est plutôt de complémentarité qu'il faut parler, s'il est vrai, comme le dit Genette, que « *l'étude des rapports entre le narratif et le descriptif se ramène* [...], *pour l'essentiel, à considérer les fonctions diégétiques de la description, c'est-à-dire le rôle joué par les passages ou les aspects descriptifs dans l'économie générale du récit* » (p. 157[21]). Dès lors, au lieu d'opposer ces deux modes de représentation, il est possible de tracer entre eux, d'ailleurs indécise dans sa précarité même, une sorte de frontière intérieure qu'assure leur féconde coexistence. Certes, on mesure dans un tel contexte ce que la description perd en autonomie : « [...] ancilla narrationis, *esclave toujours nécessaire, mais toujours soumise, jamais émancipée* [...] », elle joue par rapport à la narration le rôle d'humble subalterne. Parmi ces fonctions *diégétiques* de la description, il en est deux au moins qui doivent retenir l'attention. La première, d'ordre décoratif, ornemental, n'apparaît nullement dans l'univers mauriacien, rebelle à toute gratuité descriptive. En revanche la seconde, d'ordre à la fois explicatif et symbolique, est omniprésente dans *Le Nœud de vipères*. Dans un premier temps, la description s'intègre aux personnages, le plus souvent au protagoniste. C'est le cas ici : Isa vient de mourir lorsque soudain la pensée de sa disparition cède le pas chez Louis à un mouvement plus ample :

> La prairie est plus claire que le ciel. La terre, gorgée d'eau, fume, et les ornières, pleines de pluie, reflètent un azur trouble. Tout m'intéresse comme au jour où Calèse m'appartenait. Rien n'est plus à moi et je ne sens pas ma pauvreté. Le bruit de la pluie, la nuit, sur la vendange pourrissante, ne me donne pas moins de tristesse que lorsque j'étais le maître de cette récolte menacée. (507)

Le narrateur contemple bien le paysage qui se déroule sous ses yeux, mais, ce faisant, c'est lui-même qu'il contemple. En effet, l'immense toile de fond qu'est la nature sert seulement de prétexte au héros pour y projeter ses sentiments, ses désirs, ses angoisses. Paysage donc intériorisé, et même intérieur, réfracté à travers le moi du personnage. Paysage intégré à sa conscience tragique : veuf de sa haine viscérale, Louis peut désormais projeter en toute quiétude, sur le monde extérieur, le vrai visage de son total détachement. Au vrai, dans cette secrète complicité, ne faut-il pas voir le signe d'une étroite consubstantialité de l'homme et de la nature ? Mauriac lui-même s'en explique dans son *Journal* : «*Que m'importe un paysage que des yeux aimés n'ont pas reflété ? Il faut que l'horizon garde encore sur lui la caresse des regards éteints. La seule campagne où nous puissions supporter de vivre a été notre confidente, notre complice. Elle a pris fidèlement le visage qu'exigeait notre joie ou notre peine. Elle s'est modelée selon notre cœur; elle a épousé sa forme.*» (XI, 21).

Consubstantialité qui n'est rien de moins que *confusion*, au sens propre du terme, de deux univers apparemment distincts. Et c'est un fait que Mauriac, dans *Le Nœud de vipères*, fuit délibérément tout *hors-d'œuvre* descriptif, toute description trop minutieuse ou exhaustive d'un paysage. Ce qui l'intéresse ? Non pas le paysage en tant que tel mais sa relation aux personnages. Dès lors, rien d'étonnant que de la nature jaillisse une sève sans cesse renouvelée, que le décor même palpite d'une vie interne. Tel est en effet le pouvoir quasi magique de la description mauriacienne : restituer aux choses leur vrai sens en essayant de retrouver, dans la création, le chant secret d'un monde incréé. Ainsi, houles océanes et orages landais grondent dans la conscience des héros et orchestrent leur drame intérieur. Paysage non pas perçu isolément mais toujours transféré à leur psychologie particulière. C'est le cas dans *Le Nœud de vipères* non seulement pour Louis mais aussi pour les autres personnages. Telle Isa qui, même morte, parvient à insuffler la vie à un décor apparemment sans âme : «*Les domestiques avaient fait place nette, et le soleil dévorait, jusque dans les moindres encoignures, les restes impalpables d'une destinée finie. L'après-midi de septembre bourdonnait de mouches réveillées. Les tilleuls épais et ronds ressemblaient à des fruits touchés. L'azur, foncé au zénith, pâlissait contre les collines endormies.*» (509). Ce qui frappe avant tout dans ce tableau impressionniste, fait de touches successives, dans cette nature demi-morte, c'est l'étroite corrélation entre le paysage et le souvenir poignant d'une destinée à jamais révolue, réfractée à travers le moi crépusculaire du narrateur[25].

Intégrée aux personnages, la description le devient, par le fait même, à la narration, c'est-à-dire à l'action. C'est le second temps — indissociable du premier — de l'intégration narrative. Ce qu'elle perd en indépendance, la description le gagne en importance dramatique[26]. Sous la plume du héros, voici que le tableau frémit, s'anime, se *narrativise* en quelque sorte et devient un élément prépondérant du drame, à la fois écho et étape. Écho : la description devient alors signe tangible, explication symbolique de ce drame. Tel ce rapide croquis, véritable raccourci dramatique, esquissé dans la fièvre par un homme brusquement délesté de ses illusions : «*Les étoiles de l'aube palpitaient encore.*

Un merle s'éveilla. Le souffle que nous entendions dans les feuilles, bien avant de le sentir sur nos corps, gonflait les rideaux, rafraîchissait mes yeux, comme au temps de mon bonheur. Ce bonheur existait, il y avait dix minutes, — et déjà je pensais : "Le temps de mon bonheur..." » (381-2). À travers cette symphonie tragique, le lecteur sera surtout sensible au brusque réveil d'une conscience somnambulique qui fait coïncider, chez le narrateur, la naissance d'un drame et la naissance du jour. Une étape ? En voici l'ultime, drapée dans ce chant d'automne fredonné en mineur par un moi en quête de lui-même :

Pour la première fois depuis des semaines, je me dirigeai vers les vignes en partie dépouillées de leurs fruits et qui glissaient au sommeil. Le paysage était léger, limpide, gonflé comme ces bulles azurées que Marie autrefois soufflait au bout d'une paille. Déjà le vent et le soleil durcissaient les ornières et les empreintes profondes des bœufs. Je marchais, emportant en moi l'image de cette Isa inconnue, en proie à des passions puissantes que Dieu seul avait eu pouvoir de mater.   (511)

Du reste s'agit-il vraiment d'une quête ? Le narrateur, au contraire, semble ici *se retrouver* : au dépouillement de la vigne *correspond* le dépouillement de son cœur. Et dans ce parallélisme, dans cette harmonie étroite entre le paysage extérieur et son propre regard intérieur, il a su nous faire avancer insensiblement vers l'issue de son drame : l'image d'Isa survit un instant en lui juste le temps de s'associer à la contemplation du paysage. C'est alors que le récit connaît une nouvelle et brève impulsion, oscillant entre le retour à la narration et la pure contemplation. De tel ciel tourmenté, visité par la folie et hanté par un ouragan intérieur nous disons : c'est un ciel de Van Gogh. De tel autre, métallique et pesant, zébré par l'éclair, nous dirons : c'est un ciel de Mauriac. Habitée par l'écrivain ou ses personnages, la nature n'est plus seulement *la* nature : marquée du sceau mauriacien, c'est une nature mauriacienne. D'objet, elle devient sujet. Quant à la description, loin de se borner à expliquer le drame, elle l'authentifie.

TROISIÈME PARTIE

LE TEMPS VIPÉRIN : FLUCTUATIONS DU TEMPS, FLUCTUATIONS DU CŒUR

Louis : un funambule de la temporalité

Une structure aussi spécifique fondée, de surcroît, sur l'intégration narrative, entraîne d'inévitables répercussions au niveau de la temporalité. Et d'abord, comment ne pas remarquer ce jeu incessant de va-et-vient du passé au présent — ou *vice versa* — reposant sur une alternance temporelle très particulière : d'un côté, le temps de la narration, de l'autre, celui de la narration du passé ? D'une part, le présent, temps de la communication dans la haine, de l'autre, le passé, celui de l'incommunicabilité compensée par le souvenir des jours heureux. Temps non pas superposés arbitrairement mais vécus au contraire en étroite dépendance ; non pas juxtaposition mais intégration, dans la narration au présent, d'un passé qui habite la conscience obsessionnelle du héros. Tout se passe en effet comme si *Le Nœud de vipères* naissait de l'intime fusion de deux axes temporels : le *locutif*, celui de la narration proprement dite, au présent, et le *prédicatif*, celui de la narration au passé[27]. Plutôt que d'alternance il faut ici parler d'osmose, d'interpénétration de ces deux temps, artificiellement distincts, dans la vie comme dans la fiction. Oscillation faite d'interférences constantes du passé et du présent du narrateur, et obéissant tantôt à un mouvement de flux contrarié par un brusque reflux — la narration quittant alors le présent pour le passé ; tantôt à un mouvement inverse — le récit quittant subitement le passé pour revenir au présent. Dans les deux cas, on mesure l'importance stylistique d'un tel procédé, reposant sur un fort contraste temporel et perceptible dans ces *démarrages* imprévus, dans ces nerveux *embrayages* qui confèrent à la narration ce *tempo* si caractéristique.

Premier mouvement de l'oscillation : le flux narratif est contrarié par le reflux, le présent par le passé. Prenons le récit presque à sa source : l'épisode de la nuit fatale. Qu'y voyons-nous, sinon de brusques retours en arrière ponctuant très nettement la confession de Louis : «*Je recule toujours devant le récit de cette nuit. Elle était si chaude que nous n'avions pu laisser les persiennes closes malgré ton horreur des chauves-souris. Nous avions beau savoir que c'était le froissement des feuilles d'un tilleul contre la maison, il nous semblait toujours que quelqu'un respirait au fond de la chambre.*» (380). Net contraste temporel entre le présent de la narration : «*je recule*» et la narration du passé : «*elle était - c'était*». D'un côté, le présent, avec sa valeur instantanée, ponctuelle (Louis écrit, en ce moment, ce qui sera son Journal). De l'autre, le passé narré, qui plonge ses racines jusque dans le présent du narrateur, grâce à des imparfaits duratifs. Est-il besoin de souligner ici l'étroite parenté de Mauriac avec le Septième Art ? Le lecteur aura en effet reconnu, dans ce retour en arrière, le *flash back* cinématographique cher à l'écrivain. Romancier ou cinéaste, il s'agit pour l'artiste d'éclairer la conscience de son personnage jusqu'en son tréfonds. Le retour au passé souligne ici la nostalgie [28] du narrateur. C'est alors que celui-ci assiste, dans le champ clos de sa conscience, au *déroulement* d'un véritable film dont il est à la fois le réalisateur et le principal interprète. Davantage : il ne se contente pas d'assister, passif, à ce déroulement : c'est lui qui le fait vivre — ou revivre — aux yeux du spectateur/lecteur que nous sommes. Ainsi voyons-nous les séquences se projeter sur l'écran de la conscience du narrateur, s'y presser, s'y télescoper même parfois, à moins que ce ne soient de purs tableaux, vivants écrins d'un passé de rêve : «*Nous n'entendions plus la prairie murmurante dont le murmure s'était fait silence.*» (380). Chant d'amour, dirait-on, que cette belle et brève séquence contemplative. Mais c'est aussitôt pour céder la place à l'envers du rêve, au cauchemar, à ce rêve éveillé que sont condamnés à vivre, côte à côte, Isa et Louis : «*Tu parlais d'une voix basse et précipitée. Ta tête ne reposait plus au creux de mon épaule. Déjà l'espace infime qui séparait nos corps étendus, était devenu infranchissable.*» (381). Proche, on le voit, est le film narratif du *Nœud de vipères* de l'univers cinématographique d'un Bergman. Double parenté d'ailleurs si l'on songe que le cinéaste et le romancier sont, chacun à leur manière, des chantres angoissés de l'incommunicabilité, et qu'ils utilisent fréquemment dans leurs œuvres la technique du *flash back*[29].

Second mouvement de l'oscillation : le récit quitte brusquement le passé qui servait de refuge au narrateur pour revenir au présent. Le lecteur se souvient de ces pages brûlantes de passion et de bonheur avorté où le héros raconte la fascination exercée sur lui par Marinette :

Bien qu'elle me méprisât, lorsque après le déjeuner, en dépit de la chaleur, je quittais la maison obscure et glaciale où la famille somnolait, répandue sur les divans de cuir et sur les chaises de paille, lorsque j'entr'ouvrais les volets pleins de la porte-fenêtre et me glissais dans l'azur en feu, je n'avais pas besoin de me retourner, je savais qu'elle allait venir aussi ; j'entendais son pas sur le gravier. [...] Nous nous accoudions au parapet de la terrasse. Elle jouait à tenir le plus longtemps possible, sur la pierre brûlante, son bras nu.   (422)

Séquence de rêve une fois encore, immobilisée et comme enchâssée dans le temps grâce à cette accumulation d'imparfaits, véritable archipel affectif pour ce naufragé qu'est Louis. Mais si ce rêve s'effondrait tout à coup pour faire place à la plus cruelle réalité : «*Que reste-t-il de toi, ce soir, Marinette, morte en 1900 ? Que reste-t-il d'un corps enseveli depuis trente années ?*

Je me souviens de ton odeur nocturne. » (424-5) ? L'*embrayage* temporel est souligné dans le vigoureux contraste entre le passé et le présent, sans que, pour autant, la pensée du narrateur n'interrompe son cours. Sa réflexion chemine à travers — et en dépit de — ce brusque changement temporel, logique et immuable, jalousement rivée à l'être qui représente à ses yeux, fût-il inaccessible, la permanence du bonheur. Réflexion partant d'un passé lumineux qui se veut éternel dans sa fugacité même pour aboutir au constat d'échec du présent, tissé d'amertume, de désillusion. Va-et-vient donc du présent au passé, du passé au présent, qui, loin de surprendre le narrateur, fait naître en lui un vif sentiment de coquetterie : « [...] *je n'arriverai jamais au bout de cette confession si je continue de mêler ainsi le présent au passé. Je vais m'efforcer d'y introduire un peu d'ordre.* » (394). Bien que conscient de ce mélange, de cette incessante *confusion* entre ces deux temps, ces deux moments de sa confession, le narrateur ne répugne pas à jouer plus habilement encore avec la temporalité et sa séduisante réversibilité. Dès lors, puisque le temps, dans son déroulement, fait preuve d'une telle élasticité, d'une telle capacité d'étirement, pourquoi ne pas essayer de rivaliser avec la vie en transcrivant dans la fiction narrative, fût-ce à tâtons, les mouvances mêmes de l'humaine temporalité ? Le héros du *Nœud de vipères* ne résiste pas à une telle tentation : jongler avec le temps est son affaire. Le voici à l'œuvre dans la narration au présent : « [...] *depuis quelques mois je t'étonne, je t'intrigue. Si peu que tu m'observes, comment n'aurais-tu pas noté un changement dans mon humeur ? Oui, cette fois-ci, j'ai confiance que tu ne te déroberas pas.* » (351). Présent bien vite relayé par le passé avant que ce dernier ne soit à son tour assumé par le présent : « *Moi qui avais si peu à te confier que j'étais obligé d'embellir de misérables aventures, je ne doutais pas que tu ne fusses aussi démunie que moi-même ; [...].* » (353). « *Quand je songe que c'est après quarante-cinq années qu'il m'est donné de m'expliquer là-dessus! Mais liras-tu seulement ma lettre? Tout cela t'intéresse si peu! Tout ce qui me concerne t'ennuie.* » (354). Même habileté et même souplesse dans la narration du passé. Tel cet extrait où, évoquant un passé pourtant lointain, le narrateur se met soudain à remonter le temps, son propre temps, à grandes enjambées, plongeant ainsi son lecteur dans un passé encore antérieur : « [...] *tu te vautrais dans un souvenir délicieux, tu ne pouvais plus te retenir. Peut-être flairais-tu là une menace pour notre bonheur ; mais, comme on dit, c'était plus fort que toi. Il ne dépendait pas de ta volonté que l'ombre de ce Rodolphe ne flottât autour de notre lit.* ». L'exploration par Louis d'un passé antérieur à la révélation d'Isa se trouve nettement indiquée, dans sa confession, par le brusque contraste temporel entre l'imparfait (« *détruisait* » (355)) et le plus-que-parfait (« *j'avais été* »), temps de l'antériorité dans le passé. Mais déjà, voici que la narration revient à son port d'attache, le présent, avant de sombrer à nouveau dans ce passé antérieur du personnage, lui-même relayé par un passé plus récent :

Non, tu ne saurais concevoir ce que la veuve d'un modeste fonctionnaire [...] peut donner de soins à un fils qui est tout ce qui lui reste au monde. [...] Les métairies de ma mère [...] fournissaient à bon compte notre table dont j'eusse été bien étonné si l'on m'avait dit qu'elle était très raffinée. [...] Quand ma mère en avait hérité, c'étaient des étendues stériles où mon grand-père, enfant, avait mené lui-même paître les troupeaux. (355-6)

Passé très lointain, mais qui communique secrètement, dans la pensée du narrateur, avec celui-ci, beaucoup plus proche :

Si c'était mon métier d'écrire, je ne pourrais tirer de ma vie de lycéen une page attendrissante. Attends... une seule chose, pourtant, presque rien [...]. Au retour du lycée, je remontais la rue Sainte-Catherine en courant, sur la chaussée. [...]. Ma mère reprisait du linge près de la fenêtre. La photographie de mon père était suspendue [...] à droite du lit. Je me laissais embrasser par ma mère, lui répondais à peine ; et déjà j'ouvrais mes livres. (357-8)

Funambule de la temporalité, le narrateur va même parfois jusqu'à *court-circuiter* cette narration du passé. Le résultat ne se fait pas attendre : le fil temporel se brise, tandis que nous suivons, haletants, une narration dont les épisodes s'entrechoquent, se télescopent avec la rapidité de l'éclair : « [...] *je me dérobe au rappel de cette nuit où tu as détruit, à ton insu, notre bonheur. [...] Nous habitions cette chambre où j'écris ces lignes. Pourquoi étions-nous venus au retour de notre voyage de noces, à Calèse, chez ma mère ?* » (377).

Grande cependant serait notre erreur de ne voir dans ces fluctuations et bouleversements temporels que purs exercices de virtuosité narrative. Ailleurs est le sens véritable et profond de tels effondrements de la temporalité mauriacienne. À son point de départ, *Le Nœud de vipères* se veut une simple lettre adressée à sa femme par le narrateur. Or, quoi de plus naturel et de plus vraisemblable que ces constantes interférences du passé et du présent dans une lettre, fictive certes, mais non dépourvue de coloration quotidienne. Davantage : loin d'obéir à un système préexistant à l'œuvre elle-même — ainsi qu'on le voit parfois dans le Nouveau Roman —, les ruptures temporelles chez Mauriac-narrateur s'inscrivent avant tout comme des nécessités d'ordre psychologique. Nulle gratuité mais au contraire liaison étroite avec la psychologie du personnage. Retours au passé qui n'ont rien de systématique mais obéissent à une nécessité intérieure. Dans *Le Nœud de vipères*, c'est la sensibilité de Louis, avec ses élans, mais aussi ses brutales retombées, qui imprime au récit sa démarche propre ; la haine du narrateur mais aussi son amour expliquent de telles fluctuations. Notons que cette façon si singulière de relater le passé contraste étrangement avec la conception toute linéaire du roman balzacien. En s'efforçant de ressusciter son passé à la lueur de son présent, Louis ne cherche-t-il pas à ressusciter lui-

62

même, et, dans cette quête éperdue, passionnée, d'un autre lui-même — son moi révolu —, cherche-t-il autre chose que le sens ultime d'une existence, tissée d'erreurs mais aussi de souffrances ? Quête de son être profond, quête, finalement d'une permanence, d'une fidélité à soi-même à travers les états successifs et apparemment cloisonnés de sa vie. Attitude très proche de celle de Thérèse Desqueyroux, et, plus généralement, mauriacienne puisqu'elle rejoint cette inquiète fidélité à l'enfance si obsédante chez le romancier. Pour lui, en effet, nos pensées et nos actes, ne sont pas juxtaposés les uns aux autres à travers ces catégories commodes mais simplistes que nous nommons passé et présent. Ils nous précèdent, font corps avec nous dans le présent, nous suivent même, souvent sans que jamais nous ne puissions les extirper de nous-mêmes. Ainsi *Le Nœud de vipères* nous invite-t-il à une lecture intégrée du temps de Louis. Son existence, loin d'être une mosaïque, un puzzle temporel, forme au contraire un bloc humain indissociable. Souvenirs, pressentiments obscurs et confus, font que le Temps apparaît avant tout, dans ce sombre récit comme l'expression d'une durée vécue, interne, se déroulant en parfaite continuité. Quant à la mémoire, reconnaissons lui un trouble pouvoir : si, à première vue, elle semble servir le bonheur de Louis, c'est pour mieux aiguiser ensuite, le rêve dissipé, sa détresse présente. Le souvenir des minutes heureuses ne fait qu'attiser, qu'intensifier cette souffrance. « L'obscur ennemi » dont parle le poète est plus que jamais à l'œuvre dans la conscience tragique de notre protagoniste. À l'instar du narrateur proustien, celui du *Nœud de vipères* vérifie en lui l'existence de mystérieux « soubassements », solides assises de cet « *édifice immense du souvenir* »[30]. Cependant, plus originale et plus audacieuse est la démarche du vieil avocat : certes, son passé demeure à jamais vivant puisqu'il peut, à travers les déboires présents, en relater les détails précis, mais surtout son présent n'existe à ses yeux que dans la mesure où, à partir de lui et autour de lui, il peut ordonner son passé. Passé qui lui permet, à l'intérieur même du présent, d'éclairer justement ce présent. En somme, le présent de Louis ne serait rien de moins qu'aboutissement logique de son passé. Ce qui explique la ligne sans cesse brisée, en apparence, du récit, ligne pleine de repentirs et de retours, ligne unie en réalité, parce qu'elle accorde leurs droits respectifs aux divers moments du temps appréhendé.

la chronologie du cœur

Plus révélateur encore des fluctuations de la temporalité, le décalage quasi permanent entre l'ordre chronologique des faits, tel qu'il apparaît dans l'histoire du *Nœud de vipères*, et leur apparition dans le récit de Louis. Notons d'abord que cette chronologie, contrairement à celle de *Thérèse Desqueyroux*, par exemple, est ici assez précise. Si, en effet, la confession du narrateur n'accorde que peu d'importance aux événements historiques, les allusions qu'elle renferme constituent pour le lecteur autant de renseignements lui permettant de situer l'époque de l'action. Ainsi 1914 sert de repère clé, tandis que des dates précises de naissance, de mariage, de mort, ponctuent l'existence des personnages. Indirectement, nous est communiquée la date de naissance de Luc (1899) : «*Aux premiers jours de la guerre, Luc approchait de ses quinze ans.*» (438). Voici celle du mariage de Louis et d'Isa : «[...] *nous revînmes de Venise, en septembre 85* [...].» (379), cependant que le narrateur se lamente sur la disparition de Marinette, «*morte en 1900*» (424). Né en 1862 et mort en 1930, Louis ne retient parmi les événements de l'histoire contemporaine que ceux qui recoupent sa propre histoire : ainsi 1893, date clé, date *affective*, de l'affaire Villenave (395). C'est dire combien l'évocation de faits, apparemment objectifs, est intimement liée à la personnalité du narrateur et, pour ainsi dire, entourée d'un halo subjectif. Mais, pour précise que soit, dans l'ensemble, la chronologie de l'œuvre, elle ne doit pas, néanmoins, conduire à une fausse interprétation. Mauriac, une fois de plus, répugne à toute gratuité, invitant son lecteur à chercher la signification profonde d'une telle chronologie. Pour le romancier, il s'agit seulement, en effet, de donner au lecteur les points de repère indispensables à la bonne compréhension de l'itinéraire spirituel du personnage qui, du fond de sa géhenne présente, s'élance à la poursuite du paradis perdu. D'ailleurs, pourquoi Louis pécherait-il par luxe de détails chronologiques puisque sa femme connaît, comme lui, le déroulement des faits ? Son projet est dès lors très clair : planter devant nous quelques jalons, nécessaires à notre lecture. Au reste, ne nous trompons pas sur cette précision toute relative : si elle existe réellement dans la première partie, notre réserve est totale quant à la seconde qui se déroule sur moins de cinq mois. Imprécision facile à comprendre : puisque nous assistons au développement et à l'aboutissement de l'évolution spirituelle du héros, Mauriac-narrateur se libère progressivement de la tutelle chronologique.

Libération inconsciente, sans doute, mais qui bientôt devient total affranchissement. Faut-il alors conclure à une volontaire subversion de la chronologie dans *Le Nœud de vipères* ? Reconnaissons-lui plutôt l'absence de toute uniformité qui ferait du temps mauriacien un temps purement astronomique. Parce qu'il est chargé de tragique, le temps intérieur de Louis n'est jamais synchronisé à la marche de l'horloge. Quant à sa confession, loin de se plier aux servitudes d'une marche aussi réglée, elle obéit naturellement et comme sans effort à une chronologie plus féconde : la chronologie du cœur. *«D'ailleurs, qu'est-ce que notre vie ? Serait-ce par hasard les événements que nous subissons, [...] ? Ces événements ne sont que la part du destin. [...] notre vraie vie est plus secrète et plus profonde ; [...] nos projets [...] nos regrets, nos désirs et nos rêves comptent beaucoup plus dans notre personnalité que les faits dans lesquels autrui croit enfermer notre définition.* » (pp. 51-2 [31]). Notre destin... Nous savons tous que nous n'avons aucune prise sur lui. Mais nos rêves ? L'aventure humaine, elle au moins, notre propre aventure, conçue dans sa temporalité, loin de nous être extérieure, fait corps avec nous, nous est consubstantielle : « [...] *notre vie rêvée est plus vraie que notre vie vécue.* [...] *La chronologie du cœur n'est pas celle de l'heure exacte ; et, dans ce cas, c'est l'heure exacte qui a tort.* » (*ibid.*). Le héros du *Nœud de vipères* ne manque pas, pour sa part, de donner tort, chaque fois qu'il le peut, à cette dernière, tant il préfère à la chronologie objective de l'horloge la subjectivité de sa propre chronologie. Dès lors, nouveau Narcisse penché, comme Thérèse Desqueyroux, sur son passé, c'est-à-dire sur lui-même, Louis balise sa narration tout entière de repères chronologiques décalés[32]. Décalage qui, comme le *flash back* dont il constitue une variante, s'explique par une logique toute affective du personnage. De ces entorses plus ou moins conscientes à la chronologie objective, Louis est particulièrement coutumier. Témoin le tableau ci-contre qui fait apparaître un décalage sensible entre la chronologie exacte des faits rapportés dans l'ensemble du récit et leur ordre de présentation par le narrateur. Son passé — on le voit — fait de lui un véritable martyr de l'obsession, tandis que l'année 1885, qui cristallise toute sa haine, aiguise par là même son goût pathologique du délire. Témoin surtout ce calendrier comparé donnant, à côté de l'ordre normal, chronologique des faits, pour un laps de temps déterminé, l'ordre adopté par le narrateur dans son Journal (Première partie, chapitre IX).

Dates	Calendrier normal des faits	Modifications – ou non – apportées par Louis dans sa narration des faits
1896	Mort de Marie	Mort de Marie
1896	Fiançailles de Marinette	Fiançailles de Marinette
1897	Maladie de Louis	Mort de Marinette
janv. 1900	Mort de Marinette	Rencontre du père de Luc
sept. 1914	Rencontre du père de Luc	Maladie de Louis

On retiendra surtout de cette comparaison l'enchaînement affectif des événements dans la narration de Louis : si la date de la mort de Marie (1896) reste inchangée dans les deux cas, comme étant un phare de la vie affective et conjugale du personnage, en revanche la disparition de Marinette (1900) suit logiquement dans son esprit l'épisode des fiançailles de celle-ci, tandis que la rencontre du père de Luc, le fils de Marinette, s'associe naturellement au souvenir de cette dernière. L'association de ces trois événements constitue le type même de « *constellation affective* » dont parle Sartre[32], l'astre mort (Marinette) étant paradoxalement le plus brillant au firmament intérieur du protagoniste. Dès lors, décaler les jours, les mois, les années mêmes, qu'importe, si le narrateur, en retrouvant à travers ce désordre apparent son ordre interne, se retrouve ainsi lui-même.

DÉCALAGE ENTRE

L'ORDRE DE PRÉSENTATION   ET LEUR CHRONOLOGIE EXACTE
des faits par le narrateur

pagination		date
347	La « lettre » de Louis : présent de la narration	1930
354	Le passé : aveu d'Isa à Louis : Rodolphe	1885
354	Retour au présent de la narration	1930
	Dès lors, tout le récit va pratiquement osciller entre	1885 et 1930
362	Le passé, antérieur à la nuit de l'aveu : jeunesse de Louis	1879-1880
365	Retour au passé évoqué plus haut : épisode de Rodolphe	1885
365-7	Nouvelle « trappe » dans un passé antérieur : la première rencontre d'Isa et de Louis	août 1883
	Retour obsessionnel au passé déjà évoqué deux fois : Louis et Isa, retour de leur voyage de noces	sept. 1885
395	L'affaire Villenave	1893
403, 448	Une « liaison » de Louis	1909
404	Retour au passé : Louis et Isa à Calèse	1886
407	Calèse	1885-1900
438	Épisode de Luc	1914
451, 469	Retour au présent	1930

Cette technique du décalage ne peut qu'imprimer au temps mauriacien une allure singulière s'inscrivant dans deux rythmes contrastés : la contraction et la dilatation temporelles. Rythmes antagonistes qui tirent la narration de-ci de-là et correspondent au caractère contrasté de Louis, soumis tour à tour à une sorte de contraction et de dilatation affectives. Tout se passe comme si le lecteur du *Nœud de vipères* entendait, à travers le rythme irrégulier de la confession du narrateur, la respiration même du Temps, de son temps.

Premier rythme, rapide : la contraction temporelle (*allegro*). Sartre — on le sait — a reproché à Mauriac une tendance excessive à cette compression du temps : «*Il est visible* [...] *que M. Mauriac n'aime point le temps, ni cette nécessité bergsonienne d'attendre "que le sucre fonde". Pour lui, le temps de ses créatures est un songe, une illusion trop humaine ; il s'en débarrasse et s'établit délibérément sur le plan de l'éternel.* [...] *Sur les conversations mêmes de ses personnages il veut économiser du temps* [...]. *Il n'est peut-être pas* [...] *d'erreur plus grave que ces lésineries.*» (pp. 62-3 [32]). Le Mauriac du *Nœud de vipères* mérite-t-il pareille sévérité ? Remarquons plutôt qu'il s'attache le plus souvent à contracter, dans un minimum de temps, un maximum d'émotions ; que cette contraction même, dont Sartre lui fait grief, n'est rien de moins qu'enchaînement interne et rigoureux d'instants cruciaux bannissant volontairement toute période de relâchement. Dans le Journal de Louis, cette compression interne du temps est surtout sensible dans sa narration du passé, d'un certain passé. Ainsi, dans la première partie (chapitre V (387-9)), trois pages seulement pour évoquer «*l'ère du grand silence qui, depuis quarante ans, n'a guère été rompu*» (387). Si le narrateur sélectionne ici un épisode précis de son passé, c'est pour lui faire subir un traitement particulier : il le privilégie en le laminant. Ce passé en effet ne représente rien d'autre pour lui que le vide d'une existence conjugale dominée par l'indifférence mutuelle la plus totale. De même, au chapitre suivant, deux lignes, aussi courtes que denses, écho de l'épisode précédent, pour traduire cette grisaille d'un passé sans intérêt affectif : « *Voilà ce qui me reste : ce que j'ai gagné, au long de ces années affreuses, cet argent dont vous avez la folie de vouloir que je me dépouille.* » (399). Enfin, plus révélatrice encore du désir inconscient du narrateur − ou du besoin inavoué du romancier ? − cette mention lapidaire d'un laps de temps néanmoins assez long : « [...] *ces tristes et ardents étés d'autrefois* SE CON-FONDENT *dans mon esprit, et les souvenirs que je te rappelle ici s'étendent environ sur cinq années (1895-1900).* » (407). Compression du temps humain, à la mesure du souci permanent d'auto-justification du personnage, et qui devait un jour susciter cette question de Jankélévitch : « *Comment, avec des heures si longues, peut-on faire des années si courtes ?* » (p. 52[31]). Le paradoxe soulevé par l'interrogation faussement naïve du philosophe n'est pas fait pour étonner l'avocat-vipérin de Mauriac[33]. D'autant moins justifiée aussi cette fausse question si l'on songe que, dans cet intervalle de cinq ans narré *prestissimo*, le temps mauriacien se dilate à des moments privilégiés, retenus par la mémoire sélective du narrateur : épisodes de l'abbé Ardouin (412-6), de Marinette (414-20, 421-6). Le *temps* de Louis n'aura plus désormais cette respiration courte, heurtée : de contracté il devient dilaté.

Deuxième rythme du temps vipérin, rythme lent : la dilatation (*adagio*). L'heure n'est plus maintenant aux halètements mais aux atermoiements. Nous n'entendons plus les râles du moribond ni, à travers eux, le souffle saccadé et pressé du Temps. La respiration temporelle se fait ample, dilatée. Telles, dans la narration du passé, ces nuits tristement célèbres et interminables où le Temps, tenu rageusement en laisse par le héros, ralentit soudain sa marche fougueuse, s'immobilise, se fige, s'engloutit : nuit de l'été 1885, une seule nuit, unique, il est vrai, et mémorable, complaisamment narrée au chapitre I sur deux pages (353-4) et reprise obsessionnellement dans les chapitres suivants (365-77, 380-7). Tel également le récit de la première rencontre de Louis et d'Isa, survenue à un moment précis de leur passé, un mois déterminé (août 1883), mais sur laquelle le narrateur s'appesantit volontairement pendant huit longues pages (365-72) ; ou encore l'affaire Villenave, datant de 1893, qui occupe à elle seule quatre pages (395-8), en raison de ses retombées affectives. Telles surtout ces descriptions, déjà évoquées, immergées dans le passé du narrateur et qui obligent son présent à faire eau de toutes parts. L'imparfait — temps par excellence de la durée et donc de la dilatation temporelle — trouve alors naturellement sa place dans des tableaux où le temps subjectif de la durée vécue s'étire indéfiniment, sans vouloir jamais arrêter sa marche. Témoin cette séquence que le narrateur souhaiterait éterniser :

Nous partions dès l'aube, à cause des mouches, et parce qu'il fallait faire deux kilomètres au pas avant d'atteindre les premiers bois de pins. Les chevaux nous attendaient devant le perron. Marinette tirait la langue aux volets clos de ta chambre, en épinglant à son amazone une rose trempée d'eau, « pas du tout pour veuve », disait-elle. La cloche de la première messe battait à petits coups. L'abbé Ardouin nous saluait timidement et disparaissait dans la brume qui flottait sur les vignes. (419)

Le Temps, ainsi immobilisé, permet à Louis de capter ces instants de bonheur intense, de les garder jalousement, pour les savourer en toute quiétude. L'imparfait semble prendre la couleur de l'amour et de la tendresse qui se veulent infinis, éternels. Car tel est le défi lancé ici par l'impossible union : transcender le Temps humain. L'accumulation d'imparfaits renforce ce défi et représente pour le naufragé autant d'îlots contemplatifs, cependant que le *tempo* se nuance d'un *cantabile* approprié : le romancier a figé les aiguilles du temps de son personnage.

Dans la narration du présent, même constatation, surtout sensible dans les monologues intérieurs : ainsi cette nuit tragique nettement délimitée dans le temps (de trois heures à l'aube) mais que le narrateur se plaît à dilater dans le *no man's land* de sa conscience. Quatre longues pages où le Temps, ralentissant plus que jamais sa marche, semble sourdre de la vie interne du personnage (442-5). Un temps quasi immobile certes, mais, moins que jamais, un temps *mort*. Bien au contraire : un temps étonnamment vivant qui fertilise la pensée tâtonnante du héros, la raffermit sur ses bases chancelantes et ne cesse à aucun moment de travailler pour lui. Quant au temps diurne de Louis il n'est pas d'une cadence plus rapide :

Il est quatre heures, et le plateau de mon déjeuner, les assiettes sales traînent encore sur la table, attirant les mouches. [...] J'attends, sans impatience, dans cette chambre où j'ai dormi enfant, où sans doute je mourrai. [...] En ce qui me concerne, la mort ne sera pas venue en voleuse. Elle rôde autour de moi depuis des années, je l'entends ; je sens son haleine ; elle est patiente avec moi qui ne la brave pas et me soumets à la discipline qu'impose son approche. J'achève de vivre, en robe de chambre, dans l'appareil des grands malades incurables, au fond d'un fauteuil à oreillettes où ma mère a attendu sa fin ; [...].   (348-52)

N'assistons-nous pas dans ce monologue intérieur à un véritable *film* de la conscience tragique dont la pellicule, tournant au ralenti, semble soudain piétiner sur place, accumulant les *ratés* avant de s'immobiliser définitivement ? Rassurons-nous : ce face à face de la conscience avec elle-même a été minutieusement et savamment mis au point par un réalisateur lucide qui fait ici office d'opérateur. L'aiguille paraît se figer sur « quatre heures », tandis que le temps intérieur de Louis semble en parfait synchronisme avec cette précision chiffrée. Davantage : ne dirait-on pas que ce chiffre même exerce sur lui une sorte de fascination ? Assumant pleinement son temps, il ne lui déplaît pas de se confondre totalement avec lui, au risque de le voir prendre les traits sinistres de l'antique *fatum*. Ainsi, narrations du passé et du présent, dans leur alternance de rythmes lent et rapide, dans ce mouvement antagoniste d'étirement et de contraction temporels, confèrent au récit son *allure*[34] spécifique, faite de détente et de crispation internes.

une maladie chronique nommée état

Pour mouvante que soit la temporalité mauriacienne, ses fluctuations mêmes ne sauraient, on l'a vu, ressortir à une quelconque gratuité. Bien au contraire, elles mettent en lumière un paradoxe : à travers les états successifs — mais non juxtaposés — de la durée interne du protagoniste, affleure la présence constante de l'incommunicable, enraciné dans son inconscient. Au-delà de l'étude des temps verbaux, c'est à travers celle des verbes de temps que le lecteur du *Nœud de vipères* perçoit sans doute le mieux les symptômes de cette maladie chronique de l'obsessionnel appelée incommunicabilité. Mais, du même coup, voici modifiée et précisée notre lecture : chemin faisant, nous nous découvrons un autre regard, une autre façon d'appréhender cette amère confession. À la lecture intégrée du Temps, de son temps, Louis en superpose une autre, complémentaire, étroitement solidaire : celle de sa propre incommunicabilité. Images convergentes, on le voit, du narrateur et qui nous invitent, par là même, à porter sur lui un regard convergent.

Introversion, obsession, incommunicabilité : le lecteur aura reconnu, dans ces trois termes, le visage intérieur de Louis. Trois attitudes psychologiques, sans doute différentes mais qui ont entre elles ce point commun de représenter un « état ». Or que voyons-nous dans *Le Nœud de vipères* sinon cette *récurrence* très significative de verbes appelés traditionnellement verbes « d'état » ? *Être*, bien sûr, mais aussi *exister - subsister - rester - demeurer*. Le verbe d'état n'est-il pas, avant tout, celui qui désigne une attitude, qui la fige, l'enchâsse une fois pour toutes dans la permanence la plus irréductible ? Par lui, le narrateur semble, pour ainsi dire, s'enliser dans l'incommunicabilité la plus totale : celle qui fait de lui un être sans ressort, à demi-mort avant que d'exister. L'attitude fondamentale de Louis est-elle si différente ? Non pas dynamique, dans sa nature première, mais statique. Non pas, d'abord, une force, mais l'inertie d'un état. Ne le voit-on pas suffisamment dans sa narration du présent ? Relisons ces lignes où Louis fait figure de demi-dément :

[...] je suis comme tout le monde, — sauf que mes enfants me haïssent et que je dois me défendre contre eux. Mais ce n'est pas là être fou. Parfois je suis sous l'influence de toutes les drogues que l'angine de poitrine m'oblige à prendre. Eh bien oui, je parle seul parce que je suis toujours seul. Le dialogue est nécessaire à l'être humain. Qu'y a-t-il d'extraordinaire dans les gestes et dans les paroles d'un homme seul ?
(490)

À trois reprises, le narrateur insiste bien sur le caractère quasi définitif de son état (« *je suis* »). Loin de vouloir changer d'attitude, de cap, il semble tout au contraire s'y déployer à l'aise, préférant la fixité à une hasardeuse ouverture aux autres. Parti qu'il prend d'autant plus facilement qu'il rejette précisément sur eux la responsabilité de cet échec dans la communication, cependant que le ton sentencieux de la maxime, perceptible dans l'emploi de l'omnitemporel (« *est* »), cautionne l'irréversibilité d'une telle position : ce n'est pas Louis qui a tort, ce sont les autres. De là à s'enfermer dans cette attitude, il n'y a qu'un pas, vite franchi par un narrateur aussi lucide que fataliste : « [...] *la dureté de l'homme que je suis, le dénuement affreux de son cœur, ce don qu'il détient d'inspirer la haine et de créer autour de soi le désert, rien de tout cela ne prévaut contre l'espérance...* » (443).

Constatations identiques dans la narration du passé où les verbes d'état figent les paroles du personnage dans un temps plus ou moins éloigné. Le résultat ne se fait pas attendre : si la tonalité affective est différente parce que sécurisante aux yeux de Louis, il reste qu'une fois encore l'obsessionnel a pris rendez-vous avec l'incommunicable. Rivé à son passé, le narrateur y voit l'instrument privilégié de son salut, de sa rédemption, en même temps que l'ultime possibilité d'étancher sa soif de vengeance. Au vrai, cette rédemption, si ardemment souhaitée, n'est elle-même qu'un mirage : l'issue de secours qui paraissait propice à une découverte du moi authentique de Louis le conduit à une impasse où convergent simultanément présent et passé : «*Quelle folie, à soixante-huit ans, d'espérer remonter le courant, leur imposer une vision nouvelle de l'homme que je suis pourtant, que j'ai toujours été !*» (515). Passé et présent se rejoignent dans la conscience lucide du personnage, tissant dans une odieuse conspiration la trame maléfique de son existence. Prisonnier et victime des apparences, Louis constate avec amertume que son passé le suit à la trace. Cas plus rare, celui où le bonheur fait brusquement irruption, tel un rai lumineux mais fugace, dans le moi enseveli du narrateur : «*[...] je me persuadais [...] que c'était le commencement d'une longue vie passionnée, et je n'étais pas assez attentif à ces soirs où nous demeurions, immobiles, sous les feuillages endormis.* » (370).

Bonheur ou mirage du bonheur ? Réalité ou apparence ? En tout cas, il semble bien que ce bonheur même, pris ici au piège des mots, soit revécu obsessionnellement par le narrateur comme un état psychologique d'une rare intensité[35].

Quant à la narration du futur, elle montre un personnage non moins réfractaire à toute forme de communication. Davantage : c'est elle qui authentifie — par avance ! — l'irréversible et éclatant succès de l'incommunicable : «*[...] j'aime l'argent, je l'avoue, il me rassure. Tant que je* DEMEURERAI *le maître de la fortune, vous ne pouvez rien contre moi.* » (375). Voici donc projetée, jusque dans l'avenir du héros, cette variante obsessionnelle de l'incommunicabilité qu'est l'avarice. Loin de s'en défendre, le protagoniste l'évoque avec ostentation suivant un mouvement très proche du précédent : «*Je ne le* DÉMENTIRAI *pas : crocodile je suis, crocodile je* RESTERAI. *Il n'y a rien à attendre d'un vieux crocodile, rien, que sa mort.*» (392). Ou encore, réitérant à l'intention de son entourage sa fin de non-recevoir :

Je n'ai plus la force d'écrire. Et pourtant je déteste de me coucher, de m'étendre, même lorsque l'état de mon cœur me le permet. À mon âge, le sommeil attire l'attention de la mort. Tant que je RESTERAI debout, il me semble qu'elle ne peut pas venir. Ce que je redoute d'elle, est-ce l'angoisse physique, l'angoisse du dernier hoquet ? Non, mais c'est qu'elle est ce qui n'existe pas, [...].   (401)

temps humain et éternité

Il arrive même parfois que futur et présent se télescopent dans la conscience de Louis, formant un tout, un bloc : le temps humain, signe d'une permanence de l'être : «*Les terres* SERONT *à vous*», vocifère le narrateur sur un ton prémonitoire, «*mais les titres n'existent plus*» (400). Un bloc, un tout, une entité. Entité non pas abstraite mais vivante, dans laquelle vient se fondre, en un même mouvement de continuité interne, le passé vécu du personnage :

Isa, vois comme j'ai été malheureux. Il SERA trop tard, quand tu LIRAS ceci, pour me montrer de la pitié. Mais il m'est doux d'espérer que tu en ÉPROUVERAS un peu. Je ne crois pas à ton enfer éternel, mais je sais ce que c'est que d'être un damné sur la terre, un réprouvé, un homme qui, où qu'il aille, fait fausse route ; un homme dont la route a toujours été fausse ; quelqu'un qui ne sait pas vivre, non pas comme l'entendent les gens du monde : quelqu'un qui manque de savoir-vivre, au sens absolu.   (434)

Passé, présent, futur sont ici vécus simultanément par le moi inconscient du narrateur. Simultanéité qui n'exclut pas, tant s'en

75

faut, de brusques *démarrages* au présent («*Isa, vois - Je ne crois pas*») bientôt coupés de foudroyants retours au passé. Ainsi en est-il du temps humain, en général, du temps de Louis, en particulier. Temps qui découvre, telle une mer, une conscience à la recherche d'elle-même, en quête de permanence, d'unité, d'authenticité. Conscience dont les états successifs se projettent nerveusement sur l'écran tragique, inexorable et définitif du Temps. Bloc humain le temps mauriacien? Mieux que cela : à travers un vocabulaire très révélateur («*je ne crois pas - enfer éternel - damné*») ne voit-on pas se dessiner ici l'évocation d'un univers éminemment métaphysique? Quête de soi-même certes, mais aussi appel, revendiqué ou non, vers l'Autre, vers Dieu, le Journal de Louis convoque le lecteur sur les rives de l'Au-delà. Fini désormais le *jeu* narratif, finis les silences ou les aveux parcimonieux d'un plaideur trop subtil. Finalement, le narrateur trop lucide du *Nœud de vipères,* victime de son excès de lucidité, sert d'holocauste à l'homme, à ce pitoyable avocat-vipérin, trahi par son inconscient. Mais, si l'homme rejoint le narrateur pour mieux le démasquer, le métaphysicien, pour sa part, rejoint, chez Mauriac, le romancier. De part et d'autre, même évolution, même trahison. Trahison ou complémentarité des rôles? C'est en tout cas ce dernier aspect que Sartre a voulu souligner lorsqu'il écrivait : «[...] *une technique romanesque renvoie toujours à la métaphysique du romancier. La tâche du critique est de dégager celle-ci avant d'apprécier celle-là.*» (p. 86[32]). Même immergé dans l'humain, dans le temporel, l'homme mauriacien se garde d'oublier son appartenance à l'éternel. D'un côté le temps humain, de l'autre l'éternité, indissolublement liés. Engoncée dans ces catégories trop simplistes et trop rigides que représentent le passé, le présent et le futur, la trop stricte chronologie trouve, dans ce temps humain, un adversaire à sa taille. Ainsi en va-t-il pour *Le Nœud de vipères* où le destin du protagoniste devient figuration d'un autre Destin, où le temps même s'abolit pour prendre les traits immuables du Temps, avant de glisser insensiblement dans l'intemporel. Romancier omniscient, Mauriac ne compte plus ses ruses : en parcourant pour Louis le livre de la vie, de sa vie, il invite le lecteur à faire de même, à opérer le saut qui, du temps humain, le conduira au seuil de l'éternité.

CONCLUSION

RHÉTORIQUE significative sur fond obsessionnel, structure nerveuse d'un récit affectif aux méandres capricieux et jusqu'à cette vision finale d'un temps humain qui déborde sur les rives de l'Infini : trois repères, trois éclairages possibles — mais non exclusifs —, portés sur une œuvre dont la forme peut, de prime abord, surprendre voire déconcerter. Éclairages ? Mieux : instantanés dont les images, réelle et virtuelle, positive et négative, *révèlent* les mille facettes d'un homme à la recherche d'un moi éclaté, dispersé aux quatre coins d'une conscience à demi-malade, aveugle ; un homme en quête de son moi, de sa conscience. Éclatement et dispersion visibles à travers le prisme d'une narration haletante, d'une confession forcenée à la mesure d'un enjeu vital, existentiel.

Une rhétorique significative sur fond d'obsession ? Ce premier instantané de l'âme, si l'on peut dire, ne saurait surprendre le lecteur le moins attentif. Qu'est-ce en effet que *Le Nœud de vipères* sinon un récit où *figures* et *signifiants* parlent un langage qui transcende le langage, où la réalité sensible, physique, de l'univers, grâce au jeu mystérieux de secrètes *correspondances*, suggère la présence d'une autre réalité, supra-sensible, métaphysique, réalité d'un autre univers aux portes duquel la créature de Mauriac, espoir et désespoir confondus, vient se débattre avec frayeur, avec angoisse ? Nous voici invités à prendre parti, à interpréter les signes de cet univers mauriacien où métaphores et périphrases voisinent avec les plus vigoureuses antithèses,

signes destinés à nous guider sur cette singulière planète mauriacienne, zébrée d'aussi fécondes contradictions. *Signifiants* gestuels,
visuels, olfactifs, auditifs, se relayent dans cette obscure « forêt de
symboles » où le narrateur tente de guider, à travers sa démarche
tâtonnante, un lecteur non moins tâtonnant. Lecteur ou *déchif-
freur* ? Tel est en effet l'ultime appel lancé par le pitoyable
narrateur et, à travers lui, par l'auteur lui-même : derrière les
paroles du premier ne faut-il pas comprendre la parabole du
second ? C'est en tout cas ce qu'orchestre, obsessionnellement,
toute une rhétorique si chère au protagoniste, fondée sur ces
procédés que sont le parallélisme, la méditation en écho et, à la
fois symptôme de l'obsession et sa *figure-mère*, la répétition.

Récit affectif *Le Nœud de vipères* ? Rien d'étonnant, puisque
déjà sa rhétorique même contenait les germes d'une telle lecture.
Si l'obsessionnel se caractérise avant tout par la fixité de son
point de vue, il reste que le mouvement imprimé à sa narration
des faits résulte plus de son humeur que d'un quelconque piéti-
nement intérieur. Le lecteur ne s'étonnera donc pas de trouver
dans ce récit une structure dynamique, nerveuse même, traversée
sans relâche par ce courant de haute tension qui parcourt la
conscience du héros. Structure fragile ? Peut-être, mais de cette
fragilité qui signe, en l'homme, l'authentique, le vécu. Structure
en tout cas originale d'un récit dont les méandres capricieux
épousent étroitement les méandres du cœur, récit dont les événements importent moins au narrateur que leur profond retentissement au niveau de sa conscience tragique ; événements non pas
traités objectivement mais sans cesse grossis par une subjectivité à
demi-morbide. Ainsi s'explique le mouvement si caractéristique
de va-et-vient qui anime la narration du *Nœud de vipères*, mouvement soumis aux heurs et malheurs du protagoniste. Distorsions
et expansions constituent les deux phases maîtresses de ce
mécanisme affectif dont l'axe central n'est autre que le moi
obsessionnel du personnage. Ainsi s'explique pareillement cette loi

de l'intégration narrative qui veut que la description soit « l'esclave » de la narration : si autonomes soient, de prime abord, les tableaux poétiques enchâssés dans *Le Nœud de vipères*, leur intégration dans l'amer plaidoyer de Louis est incontestable. Étape ou écho du drame, la description fait toujours corps avec lui, l'acheminant insensiblement vers son dénouement. Consubstantielle à ce drame, elle ne l'est pas moins aux personnages dont elle épouse et prolonge les passions. Quant au découpage romanesque, l'étude du manuscrit en souligne, s'il en était besoin, l'aspect tout à la fois arbitraire et conventionnel.

La temporalité mauriacienne ? Le lecteur en mesure désormais les liens avec une telle structure narrative. Caprices de l'affectivité qui confèrent au temps du héros un visage étonnamment humain. Fluctuations du temps qui ne sont autres que les fluctuations d'un cœur. Passé, présent, futur ne font qu'un dans cette durée vécue de l'homme de Mauriac. Présent et passé : la narration de Louis n'est faite que de cet alliage qui se rit du Temps, puisqu'il atteste en l'homme la permanence de son moi. « *Traiter le passé au présent* », écrit Michel Suffran, « *peupler des lieux désertés ou détruits avec toutes les fièvres et les passions qui brûlent encore dans un cœur d'homme, c'est percer la barrière douloureuse* [...] *du Temps, c'est renouer avec son être, refuser l'arrachement, la dépossession qu'implique l'acceptation de faire cause commune avec l'oubli.* » (*CM1*, 52). Au reste, le cœur humain et, singulièrement, le cœur du héros mauriacien ne saurait se plier à la marche d'une quelconque horloge. L'irréversibilité temporelle n'est ni son fait ni son domaine. Ainsi, peut entrer en jeu toute une technique du *flash-back* cinématographique, non pas gratuite mais au service d'une technique de l'intériorité. Dès lors, le passé n'est plus seulement le passé : c'est un passé intérieur. Le futur même fait sienne cette loi du récit mauriacien, à la faveur de certains bonds en avant, de certaines rêveries projectives qui transportent le narrateur dans son propre devenir.

En actualisant ainsi le futur dans le présent, ce n'est plus seulement l'homme qui parle — ou qui se parle — c'est le prophète : le futur subit la contagion d'un temps intériorisé. Tous les temps verbaux ne sont plus eux-mêmes qu'un travesti du futur et, dans cette bousculade temporelle aux portes d'une conscience, ce sont moins, en définitive, les temps qui comptent que le Temps. Mouvance ou permanence ? Finalement la palette temporelle de Mauriac, si riche et si féconde en contrastes, n'est autre que la palette de l'Éternité.

Au vrai, ces différents éclairages du *Nœud de vipères* entretiennent, on le voit, des liens qui dépassent la simple juxtaposition. Images solidaires qui éclairent non plus seulement les multiples facettes d'un récit mais encore sa face étonnamment une dans sa vivante complexité : l'obsession du narrateur et son corollaire : l'incommunicable. Images autonomes mais non moins dépendantes d'une réalité dont les phases successives ne doivent, en aucun cas, faire oublier le cliché final, synoptique. Instantanés qui n'ont de sens, en définitive, que superposés et s'éclairant réciproquement à la lumière interne de l'œuvre. Surimpression, plutôt que juxtaposition. Interpénétration, plutôt que pure succession. Ainsi l'introversion de Louis permet-elle de mieux comprendre le traitement singulier de la temporalité qui, du même coup, se trouve justifiée. Par ailleurs, structures narrative et temporelle apparaissent ici intimement liées, indissociables, — tant il est vrai que l'allure contrastée du temps mauriacien épouse étroitement celle du récit. La lecture du *Nœud de vipères* suppose donc, en réalité, plusieurs lectures ou relectures, de même que son langage renferme, en définitive, plusieurs langages : langage narratif certes, mais surtout langages narratifs. Langage à plusieurs portées, à plusieurs dimensions, côtoyant par instants, avec la fulgurance de l'éclair, l'indicible, le mystère.

Éclairages singuliers que ceux du *Nœud de vipères*. Éclairages convergents, aussi, portés sur un roman dont l'incommunicable livre la clé finale. *Le Nœud de vipères* : roman de deux êtres qui ne parlent pas le même langage, roman de deux incompréhensions, de deux solitudes, de deux détresses. Le lecteur se sent ici très proche de l'atmosphère oppressante, étouffante de *Thérèse Desqueyroux* : mêmes éclairages au sein de cette nuit humaine traversée de trop brefs rais de lumière. L'héroïne n'est-elle pas, elle aussi, l'obsession personnifiée ? Mais alors, s'interroge le lecteur, d'où lui *« vient l'angoisse obsessionnelle ? Est-ce la faute de l'époux, de l'épouse, [...] ? Il semble qu'il faille remonter plus loin, si on en croit Thérèse, retrouver une estampille antérieure à tout, incriminer le code génétique [...]. Angoisse d'abandon : ce diagnostic en tout cas est à retenir, l'œuvre entière le confirme. Voilà le point de vue dominant, la focalisation essentielle »* (*CM2*, 36). Dès lors, l'itinéraire de Thérèse Desqueyroux est tracé, est bouclé : comme celui de Louis, il se heurte bientôt à l'incommunicable, pierre d'achoppement familière à trop de créatures mauriaciennes. Comme Louis, la voici acculée à la plus noire des impasses : celle du cœur. Comme Louis, Thérèse est — et se veut, peut-être — avant tout l'incomprise. Déçue par son existence conjugale aux côtés de Bernard, elle ne voue au présent qu'indifférence et dédain. Mais son passé vient-il à resurgir dans sa conscience somnambulique, le voici alors, à l'instar de celui de l'avocat-vipérin, chargé d'une intense coloration affective. Souvenons-nous :

[...] ces lointains étés d'Argelouse. Ces beaux étés... Thérèse, dans le petit train qui démarre enfin, s'avoue que c'est vers eux qu'il faut que sa pensée remonte, si elle veut voir clair. Incroyable vérité que dans ces aubes toutes pures de nos vies, les pires orages étaient déjà suspendus. Matinées trop bleues : mauvais signe pour le temps de l'après-midi et du soir. [...] La femme perdue de ce soir, c'est bien le jeune être radieux qu'elle fut durant les étés de cet Argelouse où voici qu'elle retourne furtive et protégée par la nuit. (II, 184)

Incroyable vertu du passé pour un être frappé d'incommunicabilité ! Du reste, Thérèse Desqueyroux et Louis ne sont pas les seules victimes de ce mal mauriacien, peu ou prou volontaire. Ainsi, par exemple, des personnages du *Désert de l'amour*, à en croire Mauriac lui-même : « *La solitude et l'incommunicabilité des êtres que les liens du sang et le coup de dés du mariage réunissent sous un même toit, voilà le meilleur de ce livre,* » déclare-t-il dans la Préface du roman (II, III). L'univers mauriacien serait-il donc, dans son ensemble, cet immense « désert de l'amour », de l'impossible rencontre, de l'impossible communion ? Au lecteur d'en décider. Mauriac, quant à lui, à travers les différentes paraboles que constitue chacun de ses romans, se veut avant tout cet inlassable guide de la caravane humaine, condamnée, peut-être, à l'impossible communication mais non moins assoiffée d'éternelle communion.

1. « *Bénédiction* », *Les Fleurs du mal* (in BAUDELAIRE, *OEuvres complètes*, p. p. Y.-G. Le Dantec et C. Pichois. Paris, Gallimard, « Bibl. de la Pléiade », 1961 ; ci-après : B). Le titre du roman a-t-il été emprunté au poème liminaire de « Spleen et Idéal » ? Hypothèse très vraisemblable. Emprunt conscient ou inconscient ? Il est bien difficile de trancher. En tout cas, nulle trace ni allusion dans l'œuvre de Mauriac. Tout au plus, dans les *Mémoires intérieurs*, une remarque énigmatique qui éclaire notre propos. Mauriac vient d'expliquer ce qui l'a conduit à relire *Les Fleurs du mal* : un problème de mots croisés. Puis, soudain, le charme opère : « *J'étais repris. Chaque vers se désengourdissait en moi comme un* REP-TILE *s'éveille avant même que j'eusse achevé de le déchiffrer.* » (*MI*, 47). Projection inconsciente ? Coïncidence *pertinente* ? Qui pourra le dire ? Pour qui douterait de l'influence baudelairienne sur l'imaginaire mauriacien, voici un autre exemple tiré d'un contexte tout différent. Il s'agit ici du Père Maydieu, fondateur en 1934 de la revue *Sept*, à laquelle collabora Mauriac : « *Je l'ai beaucoup aimé et ne l'ai guère connu. Il ressemblait à un oiseau de mer.* [...] *entre deux voyages, il s'abattait dans mon cabinet comme un* ALBATROS *épuisé.* » (*BN 1*, 174).

2. G. GENETTE, *Figures I* (Paris, Seuil, 1966). – Pour Genette la *connotation* est un « langage oblique qui donne à entendre un sens non proféré ». Elle désigne, on le voit, le sens second, caché, implicite de l'œuvre. La *dénotation*, son contraire, désigne le sens premier, littéral, explicite.

3. Dans le roman, voir surtout, pp. 400-1, 451, 456, 500, pour les premières, pp. 399, 400, 445, 517, 529, pour les secondes. Pour leur commentaire respectif, on pourra se reporter à l'étude de H. Shillony (*Le Roman contradictoire – une lecture du "Nœud de vipères" de Mauriac* [Paris, Lettres Modernes, « Archives des lettres modernes » 179, 1978], pp. 98–100). Quant aux métaphores maritimes, nous avons déjà mentionné leur présence dans notre Introduction.

4. Jean COHEN, *Structure du langage poétique* (Paris, Flammarion, 1966), p. 224.

5. *Figures* aisément repérables dans l'œuvre (pp. 443, 468, 479, 512-3). Pour les métaphores – et les métamorphoses – du *cercle*, voir notamment les pages 393, 400, 433 et 468.

6. Consulter à ce sujet les « Itinéraires François Mauriac en Gironde », par Françoise Trigeaud (*Les Cahiers du Bazadais*, mai 1974), notamment les pages 48 et 75.

7. « [...] *n'est-ce pas qu'ils rapetissent une espérance* », lit-on dans le manuscrit, « *qu'ils avilissent une Vérité, qu'ils défigurent un* visage – *ce* visage – *cette* face ? » Mauriac n'a-t-il pas voulu, dans l'édition définitive, rendre plus explicite son dessein apologétique ? En tout cas, la substitution de la majuscule à la minuscule ne laisse pas d'être troublante et révélatrice d'un écrivain soucieux d'influencer le jugement définitif du lecteur.

8. Autre exemple de périphrase : cette « *petite porte lointaine* » (480) perçue par le narrateur dans l'ombre de l'église Saint-Germain-des-Prés. Autre « signe » du Destin à connotation religieuse : allusion à peine voilée au tabernacle.

9. Cette structure antinomique est déjà en germe dans le titre même de certaines œuvres de Mauriac, qu'il s'agisse du romancier : *Le Fleuve de feu* (1923), *Les Anges noirs* (1936), ou de l'essayiste : *Dieu et Mammon* (1929), *Souffrances et bonheur du chrétien* (1931).

10. Faut-il rappeler ici le texte célèbre de « *L'Invitation au voyage* » en prose où Baudelaire, s'adressant « *à la femme aimée, à la sœur d'élection* », écrit : « *Fleur incomparable, tulipe retrouvée, allégorique dahlia, c'est là, n'est-ce pas, dans ce beau pays si calme et si rêveur, qu'il faudrait aller vivre et fleurir ? Ne serais-tu pas encadrée dans ton* ANALOGIE, *et ne pourrais-tu pas te mirer, pour parler comme les mystiques, dans ta propre* CORRESPONDANCE *?* » (B, 254-5).

11. Dans « Vue sur mes romans », Mauriac a reconnu lui-même sa dette envers l'explorateur de la *Recherche* : « *Il faut encore en revenir à ce qui m'apparente à Proust : je n'observe pas, je ne décris pas,* JE RETROUVE, *et ce que je retrouve, c'est le monde étroit et janséniste de mon enfance pieuse, angoissée et repliée et la province où elle baignait.* [...] *Tout s'est passé comme si la porte eût été à jamais refermée en moi, à vingt ans, sur ce qui devait être la matière de mon œuvre.* » (*Lui-même*, 42).

12. Le *motif* antithétique de l'ombre et de la lumière peut aussi avoir une connotation d'ordre moral. Ainsi, dans ce passage, où le clair-obscur extérieur suggère la passion coupable du narrateur, face au climat d'innocence qui règne alentour : « *La pleine lune se levait à l'est. La jeune femme admirait les longues ombres obliques des charmes sur l'herbe. Les maisons des paysans recevaient la clarté sur leurs faces closes.* [...] *Nous fîmes quelques pas incertains hors de la zone du clair de lune.* [...] *Le destin voulut que j'entendisse alors un bruit de pas dans l'allée des vignes,* [...]. » (424-5). Et le narrateur d'ajouter, comme pour bien marquer l'étroite *correspondance* entre le décor et son état d'âme : « *quelle complicité !* » Le Prince des Ténèbres semble ici manifester sa présence réelle dans le langage inconscient de Louis.

13. « *Qu'est-ce en somme que Malagar ?* », écrit Mauriac dans son *Journal*. « *On monte une côte, dans le soleil. On traverse une maigre garenne, devant les communs. La terre ici n'aime pas les arbres ; et les hommes, eux non plus, ne les aiment pas. La terre sèche et dure les nourrit mal.* [...] *Propriété de vingt hectares plantés en vignes de plein rapport, située sur la commune de Saint-Maixant, à quarante kilomètres de Bordeaux, où l'on récolte un bon vin, genre Sauternes.* » (XI, 106-8).

14. Le Calèse réel répond en fait à une topographie plus précise. Il désigne, légèrement à l'ouest de l'habitation principale, une modeste demeure de métayer située au cœur du vignoble.

15. C'est encore Mauriac qui note dans son *Journal* ces lignes éclairantes : « *Deux vieilles charmilles descendent vers la terrasse et le point de vue : Saint-Macaire, Langon, les Landes, le pays de Sauternes.* [...] *À force d'avoir été*

contemplé par les êtres que j'ai aimés et par ceux que j'ai inventés, ce paysage est devenu pour moi humain, trop humain ; divin aussi. À travers lui, je vois les ossements des miens qu'il recèle et dans chacune de ces pauvres églises dont les clochers jalonnent le fleuve invisible, la petite hostie vivante. » (XI, 107).

16. « *En constatant, en notant la forme de leur flèche, le déplacement de leurs lignes, l'ensoleillement de leur surface, je* SENTAIS [déclare le narrateur]*, que je n'allais pas au bout de mon impression, que* QUELQUE CHOSE *était derrière ce mouvement, derrière cette clarté, quelque chose qu'ils semblaient contenir et dérober à la fois.* » (Marcel PROUST, *À la recherche du temps perdu*, p. p. Pierre Clarac et André Ferré [Paris, Gallimard, « Bibl. de la Pléiade », 1954 ; ci-après : P], I, 180).

17. Mauriac lui-même nous invite à lire *Le Nœud de vipères* dans ce *sens*. Au-delà de l'itinéraire, jalonné de signes, du narrateur, c'est sur une constante interprétation de signes, sur une véritable herméneutique, que se fondent les rapports au sein de la famille. Entre Louis et Isa bien sûr (372) mais aussi entre le narrateur et sa famille (393). Notons surtout l'obsédante récurrence du mot *signe* (370, 393, 401, 444, 504, 507, 522) et du mot *interpréter* (370, 386, 393). Citons ce passage clé, tragiquement prémonitoire pour Louis : «*Il y eut pourtant des* SIGNES*, mais que j'*INTERPRÉTAIS *mal. Te rappelles-tu cette nuit, sur un banc (dans l'allée en lacets qui montait derrière les Thermes) ? Soudain, sans cause apparente, tu éclatas en sanglots. [...] Ma jeunesse ne savait pas* INTER-PRÉTER *ces râles, ces suffocations.* » (370).

18. Nous reprenons ici, quoique dans un contexte fort différent, une formule de Mauriac lui-même dans sa Préface à *Trois récits* (VI, 120) : «*J'aime cette image du flux et du reflux autour d'un roc central – passion ou croyance – qui exprime à la fois l'unité de la personne humaine, ses changements, ses retours et ses remous.* ».

19. Sur cette antinomie fondamentale, voir l'excellente étude de Philippe Bonnefis : « Récit et Histoire dans *Madame Bovary* », pp. 157-63 dans le numéro spécial de *La Nouvelle critique* consacré au thème "*Linguistique et littérature*" (Colloque de Cluny, 16-17 avril 1968). « *Le Récit* », écrit notamment Bonnefis, « *tend* [...] *à s'émanciper de la tutelle de l'Histoire, mais en une crise de croissance du roman* [...]. » (p. 162). Et plus loin : « *Le Récit se dénonce exemplairement comme transgression de l'ordre naturel que représente l'Histoire.* » (p. 163).

20. Pour Julia Kristeva (*ibid.*, p. 72) : « [...] *le texte c'est l'avènement d'un processus infini d'engendrement dans la structure finie. Lire un texte, c'est lire son engendrement infini à travers sa clôture.* »

21. *Communications*, n° 8 (Paris, Seuil, 1966). – Signalons notamment : Roland BARTHES, « Introduction à l'analyse structurale des récits », pp. 1-27 ; Claude BRÉMOND, « La Logique des possibles narratifs », pp. 60-76 ; Gérard GENETTE, « Frontières du récit », pp. 152-63.

Le schéma décrit par Brémond présente hélas! un aspect trop théorique : l'esprit de système de l'école structuraliste empêche le critique de voir, dans le mécanisme de la séquence, la possibilité d'une structure à deux éléments ou *dyadique* (celle précisément du *Nœud de vipères*). De plus, son étude des « actions » fait de celles-ci un élément indépendant de l'œuvre, conçue comme un tout vital, organiquement solidaire. Ne faudrait-il pas relier ces « actions » à l'étude des personnages, et notamment, comme dans un récit psychologique, à celle du héros central ?

« *La forme du récit est marquée par deux pouvoirs : celui de distendre ses signes le long de l'histoire, et celui d'insérer dans ces distorsions des expansions imprévisibles. Ces deux pouvoirs apparaissent comme des libertés : mais le propre du récit est précisément d'inclure ces " écarts" dans sa langue.* » (BARTHES, *loc. cit.*, p. 23). S'interrogeant sur le rôle de la distorsion, Barthes poursuit : « *La distorsion généralisée* [et c'est le cas dans *Le Nœud de vipères*] *donne à la langue du récit sa marque propre : phénomène de pure logique, puisqu'elle est fondée sur une relation, souvent lointaine, et qu'elle mobilise une sorte de confiance dans la mémoire intellective, elle substitue sans cesse le sens à la copie pure et simple des événements relatés.* » (*ibid.*, p. 24). « *La langue proprement dite* », écrit encore Barthes, « *peut être définie par le concours de deux procès fondamentaux : l'articulation, ou segmentation, qui produit des unités (c'est la forme, selon Benveniste), l'intégration, qui recueille ces unités dans des unités d'un rang supérieur (c'est le sens). Ce double procès se retrouve dans la langue du récit ; elle aussi connaît une articulation et une intégration, une forme et un sens* » (*ibid.*, p. 23).

22. Claude BRÉMOND, « Le Message narratif », pp. 4–32 in *Communications*, n° 4 (Paris, Seuil, 1964).

23. Ainsi qu'autorise à le penser l'inédit figurant dans la seconde partie du manuscrit du *Nœud de vipères* (Fonds Doucet). Il s'agit d'une lettre de Geneviève à Hubert, non reproduite dans l'édition originale et écrite au crayon, indiquant que Luc serait le fils de Louis et de Marinette. Cet inédit jette ainsi une lueur nouvelle sur l'attachement du narrateur pour sa belle-sœur.

24. Il s'agit ici du premier don, de la première partie du manuscrit : un cahier cartonné de 171 pages manuscrites. Y figurent (au feuillet 2) le nom de l'écrivain et le titre du roman, ainsi qu'un dessin représentant « le nœud de vipères » et la citation de sainte Thérèse d'Avila reproduite dans l'édition définitive (343). Outre l'abondance de dessins originaux esquissés en marge du manuscrit, cette rédaction présente un grand nombre de brefs passages non retenus dans l'édition définitive (surtout au recto des feuillets 7, 9, 10, 15... et au verso du feuillet 56). Manquent l'« Avertissement » qui précède le roman dans le texte définitif (345) ainsi que les chapitres XVIII, XIX, et XX – ces derniers constituant la seconde partie du manuscrit. Ces deux textes autographes révèlent une écriture très fine, petite, rapide et mobile à l'extrême, un peu penchée à gauche. On y constate aussi la présence de nombreuses surcharges, ratures et « rajouts » au crayon, ainsi que beaucoup de mots illisibles.

25. Comparant son art à celui de René Bazin, cet autre chantre de la terre, Mauriac devait un jour écrire ces lignes éclairantes : « *Chez d'autres romanciers, même "paysagistes", le paysage est intérieur aux êtres. [...] Chez un Proust,*

[...] les haies d'aubépines, les pommiers en fleurs n'ont de réalité que réfléchis *par des créatures humaines. Ils n'existent que parce qu'ils ont été perçus par des sens, conçus par une intelligence, retenus par une mémoire, aimés par un cœur, jusqu'à s'identifier avec lui. Ils* PROLONGENT *des émotions, des passions, des souffrances.* » L'héritage de Proust est, une fois encore, revendiqué ici par Mauriac qui, indirectement, évoque en ces termes son art personnel : « *Chez les romanciers de notre génération, souvent l'orage gronde et n'éclate pas comme l'amour de cette femme qui erre sous les frondaisons figées. L'incendie dévore les pignadas comme le désir ravage les corps. L'univers, dans le feu d'une après-midi d'août, n'est plus que le symbole d'une étouffante passion.* » Et, marquant nettement les divergences entre l'auteur des *Oberlé* et lui-même, Mauriac poursuit : « *M. René Bazin, lui,* [...] *croit à l'objet, et* [...] *peint l'objet tel qu'il est. Il échappe à notre manie de ne rien voir du monde qu'en nous-mêmes.* [...] *on pourrait dire que chez ses cadets le paysage prolonge la passion humaine, alors que chez René Bazin c'est l'être humain qui est le prolongement du paysage.* » (VIII, 480-1).

Sur les rapprochements et divergences entre Bazin et Mauriac, on pourra lire notre article : « René Bazin et François Mauriac : deux chantres de la terre », pp. 323-43 in *Les Angevins de la littérature*, Actes du Colloque des 14-16 déc. 1978 (Presses de l'Université d'Angers, 1979 et Genève, Droz, 1979).

26. Mauriac rejoint notamment ici Flaubert qui écrivait : « *Il n'y a point dans mon livre une description isolée, gratuite ; toutes servent à mes personnages et ont une influence lointaine ou immédiate sur l'action.* » (cité par T. TODOROV, « Les Catégories du récit littéraire », *Communications*, n° 8, p. 125).

27. « [...] *le récit repose sur une opposition entre un temps du narrateur et un temps de ses personnages, un temps de la narration et un temps de la chose narrée ; tout l'art du roman étant de jouer sur cette opposition tantôt en distançant ces deux temps, tantôt en les rapprochant ou en les confondant.* » (A. GUIRAUD, *Essais de stylistique* [Paris, Klincksieck, 1969], p. 151).

28. Michèle Leleu (*Les Journaux intimes* [Paris, P.U.F., Coll. « Caractères », 1952], pp. 41-2) donne la mesure exacte de cet attachement au passé, caractéristique des auteurs de journaux intimes : « *Nous constatons dans ces journaux* [...] *une spéciale dilection pour le passé, ainsi préféré au présent ou à l'avenir.* [...] *Fréquemment, ces pages sont émaillées de souvenirs d'enfance,* [...] *nos auteurs s'attardent volontiers à ce passé souvent revêtu à leurs yeux d'une très riche coloration affective qu'ils ne trouvent pas dans le présent ; d'ailleurs pour écrire son journal intime ne faut-il pas prendre un peu de retard sur la vie, ne fût-ce qu'un jour ou quelques heures ? Encore qu'ils fassent effort pour vivre dans le présent, le passé continue de peser fortement sur eux, et de les affecter dans un sens favorable ou non, même s'il n'est plus dans le champ de la conscience claire. Bien souvent, le journal consigne tel rêve, tel événement qui laisse chez l'auteur des traces profondes et durables* [...]. ».

29. Le *temps* de Bergman, comme celui de Mauriac, n'est pas un temps linéaire. Quant à l'influence exercée par le cinéma sur le romancier, voici ce que ce dernier déclarait en 1947 au cours d'une interview : « [...]*j'ai beaucoup aimé le*

cinéma au temps où il était encore muet... J'aurais d'ailleurs mauvaise grâce à renier cet attrait qu'exerça sur moi le septième art à ses débuts, puisqu'il paraît [...] que dans quelques-uns de mes romans, comme Destins, *ou encore* Thérèse Desqueyroux, *le déroulement de certains événements, la présentation de ces détails qui composent une atmosphère témoignent indiscutablement de cette influence qu'eut sur moi la technique, alors toute nouvelle, du cinéma.* » (Interview par Claude Cézan, « François Mauriac nous parle du théâtre et du cinéma », *Les Nouvelles littéraires*, 18 nov. 1947).

30. P, I, 47. On pense également au passage célèbre qui clôt l'épisode parallèle de la promenade du côté de Méséglise et du côté de Guermantes : « [...] *c'est surtout comme à des* GISEMENTS PROFONDS *de mon sol mental, comme aux terrains résistants sur lesquels je m'appuie encore, que je dois penser au côté de Méséglise et au côté de Guermantes. C'est parce que je croyais aux choses, aux êtres, tandis que je les parcourais, que les choses, les êtres qu'ils m'ont fait connaître sont les seuls que je prenne encore au sérieux et qui me donnent encore de la joie.* [...] *Le côté de Méséglise avec ses lilas, ses aubépines, ses bluets, ses coquelicots, ses pommiers, le côté de Guermantes avec sa rivière à têtards, ses nymphéas et ses boutons d'or, ont constitué à tout jamais pour moi la figure des pays où j'aimerais vivre,* [...] *parce qu'ils sont situés à la même* PROFONDEUR, AU NIVEAU DE MON PASSÉ. [...]. » (P, I, 184-5).

31. Bernard ROUSSEL, *Mauriac, le péché et la grâce* (Paris, Le Centurion, 1964).

32. Mauriac rejoint ici le roman anglais et américain de l'entre-deux-guerres et notamment le Faulkner de *Le Bruit et la fureur*, œuvre à propos de laquelle Sartre devait écrire ces lignes pertinentes et combien éclairantes pour *Le Nœud de vipères* : « *Le lecteur est tenté de chercher des repères et de rétablir pour soi-même la chronologie* [...]. *Chaque épisode, dès qu'on le regarde, s'ouvre et laisse voir derrière lui d'autres épisodes* [...].[...] *Si la technique que Faulkner adopte semble tout d'abord une négation de la temporalité, c'est que nous confondons la temporalité avec la chronologie. C'est l'homme qui a inventé les dates et les horloges.* [...] *Pour parvenir au temps réel, il faut abandonner cette mesure inventée qui n'est mesure de rien.* » Et plus loin ce texte capital concernant les personnages de Faulkner mais pouvant s'appliquer aussi bien au personnage de Louis : « [...] *leur passé, qui est en ordre, ne s'ordonne pas en suivant la chronologie. Il s'agit en fait de* constellations affectives. [...] *De là cette absurdité de la chronologie, de la "ronde et stupide assertion de l'horloge" : l'ordre du passé c'est l'ordre du cœur.* » (« La temporalité chez Faulkner », pp. 85-98 in *Situations I* [Paris, Gallimard, Coll. « Idées », 1947], pp. 85-6 et 90-1).

33. La question de Jankélévitch n'eût pas davantage surpris le narrateur proustien de *À l'ombre des jeunes filles en fleurs* qui écrivait déjà, codifiant par avance – et dans les faits – la loi de la contraction temporelle : « *Théoriquement on sait que la terre tourne, mais en fait on ne s'en aperçoit pas, le sol sur lequel on marche semble ne pas bouger et on vit tranquille. Il en est ainsi du Temps dans la vie. Et pour rendre sa fuite sensible, les romanciers sont obligés, en accélérant*

follement les battements de l'aiguille, de faire franchir au lecteur dix, vingt, trente ans, en deux minutes. » Et après la théorie, l'exemple : « *Au haut d'une page on a quitté un amant plein d'espoir, au bas de la suivante on le retrouve octogénaire, accomplissant péniblement dans le préau d'un hospice sa promenade quotidienne, répondant à peine aux paroles qu'on lui adresse, ayant oublié le passé.* » (P, I, 482).

34. Cette *allure* du temps mauriacien est, en ce qui concerne *Le Nœud de vipères*, globalement plus rapide au présent qu'au passé. La raison en est simple : Louis est un nostalgique. Un exemple : pour raconter l'épisode de la nuit du 13 au 14 juillet 1930, qui se déroule à Paris, deux lignes seulement (451), reprises, il est vrai, *crescendo* au début du chapitre XIV et sur huit pages (469–76). Or, pour ce même laps de temps – mais revécu obsessionnellement –, la narration du passé couvre 18 pages (451-68).

35. Intensité soulignée par la présence du gallicisme *c'était*. Il faut d'ailleurs noter l'obsédante récurrence, dans *Le Nœud de vipères*, de cette forme d'insistance, destinée à mettre en valeur un état affectif particulier. Véritable ancrage de l'incommunicable, cette tournure représente, tant au présent qu'au passé, le point d'appui privilégié de l'obsessionnel. Au présent : pâture de sa haine, à travers un rythme ternaire : « *C'est ici que tu as couvé ta couvée, que tu as soigné les maladies, que tu as veillé près des berceaux, que tu as eu maille à partir avec des nurses et des institutrices. C'est entre ces pommiers que les cordes tendues supportaient les petites robes de Marie, toutes ces candides lessives. C'est dans ce salon que l'abbé Ardouin groupait autour du piano les enfants et leur faisait chanter des chœurs qui n'étaient pas toujours des cantiques, pour éviter ma colère.* » (404). Au passé : justification *a posteriori* de cette haine présente : « *C'était bien parce que tu te trouvais auprès de moi que tu pleurais, – auprès de moi et non d'un autre, et non auprès de celui dont tu devais enfin me livrer le nom quelques mois plus tard dans cette chambre où j'écris,* [...]. » (370). Besoin d'autojustification repris en écho : « *– Isa, le soir où tu as pleuré, le soir où nous étions sur ce banc, dans les lacets de Superbagnères, c'était à cause de lui* [Rodolphe]*?* » (385).

TABLE

exemplaire conforme au Dépôt légal de décembre 1984
bonne fin de production en France
Minard 73 rue du Cardinal-Lemoine 75005 Paris
sur les presses de Société Micro-Édition 31 Bd Bertrand 14300 Caen